SINGLE CASE RESEARCH DESIGNS
in Educational and Community Settings

教育和社区环境中的单一被试设计

[美]
罗伯特·奥尼尔（Robert E. O'Neill）
费利克斯·比林斯利（Felix F. Billingsley）
约翰·麦克唐奈（John J. McDonnell）
威廉·詹森（William R. Jenson）
—著—

胡晓毅 —译—
杨希洁 —审校—

华夏出版社
HUAXIA PUBLISHING HOUSE

目 录

前言 ·· 1
致谢 ·· 1

第1章　单一被试研究的背景与发展历程 ···················· 1
　实验法和功能关系的基础 ·· 1
　组间比较实验设计 ·· 2
　实验性单一被试研究设计的发展历程 ························· 3
　单一被试研究在判定循证实践时的作用 ····················· 8
　结束语 ·· 11

第2章　测量什么与怎样测量 ·································· 13
　测量的参数 ·· 13
　测量的程序 ·· 17
　计算观察者间一致性 ·· 27
　培训观察者 ·· 30
　测量干预的忠诚度 ··· 31
　测量社会效度 ··· 33
　结束语 ·· 34

第 3 章　单一被试研究的内外部效度、基本原则及实施程序 ……35
内部效度 ……35
外部效度和复制 ……37
单一被试设计的基本原则和程序 ……39

第 4 章　理解数据：使用图表分析和解释数据 ……45
以图表形式呈现数据的目的与特征 ……46
以视觉/图表呈现分析数据的步骤 ……49
单一被试研究的其他统计学和量化分析方法 ……58

第 5 章　开展研究的一般步骤和阻碍 ……61
如何在应用性研究情境中开展研究和评估 ……61
获取相关审查和审批委员会的允许 ……66
获取被试的知情同意 ……67
获取单一被试研究所需资源的创新方法 ……68
确定数据收集的开始日期：制作时间表 ……69
结束语 ……70

第 6 章　移除和倒返设计 ……71
个案研究设计 ……71
移除设计 ……76
倒返设计 ……83
结束语 ……87

第 7 章　多基线和多探测设计 ……89
多基线设计的特征 ……90
多基线设计的实施 ……92

多基线设计的变式 94
　　　应用研究文献中多基线设计和多探测设计的实例 99
　　　结束语 102

第 8 章　变动标准设计 105
　　　变动标准设计的特征 106
　　　变动标准设计的实施 108
　　　变动标准设计的变式 116
　　　结束语 121

第 9 章　多处理设计 123
　　　多处理设计的特征 123
　　　实施多处理设计 126
　　　设计变式 129
　　　应用研究文献中的实例 130
　　　结束语 134

第 10 章　交替处理设计 135
　　　交替处理设计 135
　　　改良型交替处理设计 142
　　　应用研究文献中交替处理设计的实例 149
　　　结束语 151

第 11 章　传播研究成果 153
　　　会议论文 153
　　　撰写研究论文 163
　　　结束语 171

前　言

这本书写给谁？怎样利用它？

这本书主要面向应用领域中的广大实践者和研究者（或未来的研究者），他们来自学校教育、寄宿制康复服务机构和职业培训项目以及家庭等环境。他们可能是普通学校或特殊教育学校的教师、学校咨询工作者或心理学家、管理者、相关服务人员（例如言语或语言治疗师、作业治疗师/物理治疗师）、康复医疗机构或家庭治疗中的工作人员，也可能是正在接受培训的、即将在上述领域工作或从事相关研究的人员。在这些领域中，工作人员可能需要对某一种干预策略或干预项目的效果进行控制性评价。近年来，实践和研究领域越来越重视对干预服务和项目在医疗、行为和教育情境下的有效执行，因此，掌握有效的评价手段变得尤为重要。这些信息将有利于实践的发展，同时也会对该领域以及相关领域的实践者和研究者发挥潜在作用。此外，还可以通过与同事交流或在专业会议、期刊上发表学术论文的方式公开传播研究成果。

写作这本书的主要目的是，向读者提供对研究设计的基本理解，以及在评估日常工作效果时所需的实践手段。本书包含了整个研究过程，从研究进行的最初阶段，到研究实施的具体过程，再到研究效果评估以及研究成果的最终发表，并尽可能使用清晰、直接、明确的表述方式，较少使用专业用语。许多章节的内容都按照开展研究的具体步骤进行组织，明确阐述何时该做何事以及具体的操作方法。书中的总结和一些图表在实施研究的过程中非常有用。

写这本书之前，我们已在学校、医院以及家庭环境中从事了多年的临床实践工作。我们坚信科学、有效的评估和研究，在评价我们日常工作的效果和促进各自领域基础知识发展的过程中发挥着重要的作用。我们真诚地希望这本书能为广大读者开展实践和进行评估研究带来帮助。

致 谢

作者特此感谢参与本书各章全部或部分写作工作的合作者。我们深深感谢他们为此付出的时间、专业知识以及与我们合作的热忱。我们一起努力，才能使得这本书成为一个更好的作品。

我们还要感谢本书的审阅人，他们是：杰克森威尔州立大学的拉里·比尔德（Larry Beard），加利福尼亚州立大学洛杉矶分校的玛格丽特·克拉克（Margaret Clark），伊利诺伊州立大学的葆拉·克劳利（E. Paula Crowley），印第安纳州立大学的乔治亚·汉布雷克特（Georgia Hambrecht），犹他州立大学的托马斯·希格比（Thomas Higbee），考德威尔学院的蒂娜·西登奈（Tina Sidener）以及蒙特学院的R. J. 瓦勒（R. J. Waller）。

第1章 单一被试研究的背景与发展历程

实验法和功能关系的基础

多年以来，人们从各种途径来定义科学研究的进程。英国生物学诺贝尔奖获奖者彼得·梅达沃（Peter Medawar）把科学定义为"穷尽所有的探索性的活动，以更好地了解自然世界"（Medawar, 1979, p1）。著名的行为科学家默里·西德曼（Murray Sidman）列举了从事科学实验的各种缘由，包括验证假设、寻求创新的方法与技术，甚至仅仅是为了去满足研究者自身的好奇心（Sidman, 1960）。从教育实践与社区应用的视角来看，我们可以认为科学研究是一个不断提出问题与寻找答案的系统过程。也就是说，通常我们的研究始于某个问题或假设，继而进行一个或多个实验，力图寻找答案。例如，我们可能会考虑一个问题，"如果我在教数学课的时候，除了在白板上演示运算外，再配上实物操作展示内在的数学关系，能否改善学生的成绩呢？"这个问题就能通过一个实验来回答解释。

单一被试研究（Single Case Research, SCR）是探寻和展示**自变量**与**因变量**之间的**因果**或者**功能关系**[①]的一系列实验性的行为研究技术。**自变量**（Independent Variables, IVs）通常是我们所说的各种干预，或者是研究者在某项研究中控制的部分或处理的一个环节。这些可能包括某一种教学技术，或是某个行为发生之后的后果处理策略（如强化或惩罚），抑或被试所处环境或场所的变更（如改变教室里座椅的摆放）。**因变量**（Dependent Variables, DVs）通常是我们观察和测量的变量，用以确定自变量或干预是否获得了效果。因变量可能包括儿童在课余时

[①] 编注：此处原文应为"functional relationship"，直译为"功能性亲密关系"，原意指通过系统地改变自变量以呈现对因变量的控制。"relationship"主要描述人与人之间的联结与关联，且由于更多的研究者倾向于用"functional relation"来描述自变量与因变量间实验控制的范围，故本书中将"functional relationship"译为"功能关系"。

间内的社交互动行为、按时参加社区咨询诊室活动的频数、学生每周数学或语文课作业的表现成绩等。**功能关系**就是指我们证明自变量或是干预,对因变量确实产生了变化(Baer, Wolf, & Risley, 1968)。在前文的案例中,如果我们证明在数学课上加入操作实物产生了持续的差异,我们也就因此证明了使用操作实物和学生成绩之间的功能关系。

组间比较实验设计

在单一被试研究发展起来之前,实验研究最主要的方法是组间比较(Group Comparison, GC; Parsonson & Baer, 1978)。该方法包括选择大团体的样本,其中某些人接受了某种干预而其他人则没有,或不同组接受了不同的干预。一般而言,某一种群体总是成为研究的对象(如有严重阅读问题的3—5年级的学生)。随后,从该群体中选取符合标准的学生进行随机抽样,然后随机地组成**实验组**或者**控制组**。实验组接受某种类型的干预或者训练,目的是提高其阅读技能;控制组并不接受任何干预,或者只是接受学校提供的常规的阅读训练。在干预结束之后,两组就阅读成绩(如正确诵读单词的百分比)进行比较,一般我们会采用一种或多种统计分析的方法。这些实验方法或者实验研究方法的变型,被研究者广泛地运用到应用科学领域中(e.g. Gersten et al., 2005; Kendall, Butcher, Holmbeck, 1999)。采用这种研究范式的叫**演绎法**,就是基于理论框架提出假设,而后进行实验,分析数据结果,以判定是否支持这个假设或者理论(Sidman, 1960)。

组间比较设计的问题与困扰

随着组间比较实验设计日益成为研究设计的主流方法,其局限性也就逐步地显现出来。例如,就不同人群的某一类问题进行研究的时候,我们可能很难获得足够多的被试来进行随机抽样和随机地分配被试,从而开展有意义的研究(Shadish, Cook, Campbell, 2002)。尤其在低频率残疾的研究中,如智力障碍研究领域,这个局限性显得尤为突出(McDonnell, O'Neill, 2003)。第二个局限性出现在对控制组不采用任何干预或最小限度干预的情况下,这种对可能受益的被试不实施治疗或干预的做法引起了伦理道德上的争议(Griffin, Balandin, 2004)。最后,这种局限性体现在组间比较研究进行数据分析时长期采用的统计分析方法中。组间比较通常是通过某种显著性检验(如t检验;Kazdin, 2003),算出各组

系 列 丛 书

书号	书名	作者	定价
\multicolumn{4}{c}{融合教育}			
*9228	融合学校问题行为解决手册	[美]Beth Aune	30.00
*9318	融合教室问题行为解决手册		36.00
*9319	日常生活问题行为解决手册		39.00
*9210	资源教室建设方案与课程指导	王红霞	59.00
*9211	教学相长：特殊教育需要学生与教师的故事		39.00
*9212	巡回指导的理论与实践		49.00
9201	"你会爱上这个孩子的！"（第2版）	[美]Paula Kluth	98.00
*0078	遇见特殊需要学生：每位教师都应该知道的事	孙颖	49.00
9497	孤独症谱系障碍学生课程融合（第2版）	[美]Gary Mesibov	59.00
9329	融合教育教材教法	吴淑美	59.00
9330	融合教育的理论与实践		69.00
8338	靠近另类学生：关系驱动型课堂实践	[美]Michael Marlow 等	36.00
*7809	特殊儿童随班就读师资培训用书	华国栋	49.00
8957	给他鲸鱼就好：巧用孤独症学生的兴趣和特长	[美]Paula Kluth	30.00
\multicolumn{4}{c}{生活技能}			
*0130	孤独症和相关障碍儿童如厕训练指南（第2版）	[美]Maria Wheeler	49.00
*9463	发展性障碍儿童性教育教案集/配套练习册	[美] Glenn S. Quint 等	71.00
*9464	身体功能性障碍儿童性教育教案集/配套练习册		103.0
*9215	孤独症谱系障碍儿童睡眠问题实用指南	[美]Terry Katz	39.00
*8987	特殊儿童安全技能发展指南	[美]Freda Briggs	42.00
*8743	智能障碍儿童性教育指南	[美]Terri Couwenhoven	68.00
*0206	迎接我的青春期：发育障碍男孩成长手册		29.00
*0205	迎接我的青春期：发育障碍女孩成长手册		29.00
\multicolumn{4}{c}{转衔|职场}			
*0296	长大成人：孤独症谱系人士转衔指南	[加]Katharina Manassis	59.00
*0301	我也可以工作！青少年自信沟通手册	[美]Kirt Manecke	39.00
*0299	职场潜规则：孤独症及其他障碍人士职场社交指南	[美]Brenda Smith Myles	39.00

编号	书名	作者	价格
	社交技能		
*9500	社交故事新编(十五周年增订纪念版)	[美]Carol Gray	59.00
*9941	社交行为和自我管理：给青少年和成人的5级量表	[美]Kari Dunn Buron 等	36.00
*9943	不要！不要！不要超过5！：青少年社行为指南		28.00
*9537	用火车学对话：提高对话技能的视觉策略	[美] Joel Shaul	36.00
*9538	用颜色学沟通　找到共同话题的视觉策略		42.00
*9539	用电脑学社交：提高社交技能的视觉策略		39.00
*0176	图说社交技能（儿童版）	[美]Jed E.Baker	88.00
*0175	图说社交技能（青少年版）		88.00
*0204	社交技能培训实用手册：70节沟通和情绪管理训练课		68.00
*9800	社交潜规则（第2版）	[美]Temple Grandin	68.00
*0150	看图学社交：帮助有社交问题的儿童掌握社交技能	徐磊 等	88.00
	与星同行		
*0109	红皮小怪：教会孩子管理愤怒情绪	[英]K.I.Al-Ghani 等	36.00
*0108	恐慌巨龙：教会孩子管理焦虑情绪		42.00
*0110	失望魔龙：教会孩子管理失望情绪		48.00
*9481	喵星人都有阿斯伯格综合征	[澳]Kathy Hoopmann	38.00
*9478	汪星人都有多动症		38.00
*9479	喳星人都有焦虑症		38.00
*0302	孤独的高跟鞋：PUA、厌食症、孤独症和我	[美]Jennifer O'Toole	49.90
*9090	我心看世界（最新修订版）	[美]Temple Grandin	49.00
*7741	用图像思考：与孤独症共生		39.00
8573	孤独症大脑：对孤独症谱系的思考		39.00
*8514	男孩肖恩：走出孤独症	[美]Judy Barron 等	45.00
8297	虚构的孤独者：孤独症其人其事	[美]Douglas Biklen	49.00
9227	让我听见你的声音：一个家庭战胜孤独症的故事	[美]Catherine Maurice	39.00
8762	养育星儿四十年	[美]蔡张美铃、蔡逸周	36.00
*8512	蜗牛不放弃：中国孤独症群落生活故事	张雁	28.00
*9762	穿越孤独拥抱你		49.00

经典教材|工具书|报告

*8202	特殊教育辞典（第3版）	朴永馨	59.00
*9715	中国特殊教育发展报告（2014-2016）	杨希洁、冯雅静、彭霞光	59.00
0127	教育研究中的单一被试设计	[美]Craig Kenndy	88.00
*8736	扩大和替代沟通（第4版）	[美]David R. Beukelman 等	168.0
9707	行为原理（第7版）	[美]Richard W. Malott 等	168.0
9426	行为分析师执业伦理与规范（第3版）	[美]Jon S. Bailey 等	85.00
*8745	特殊儿童心理评估（第2版）	韦小满、蔡雅娟	58.00
8222	教育和社区环境中的单一被试设计	[美]Robert E.O'Neill 等	39.00

新书预告

出版时间	书名	作者	估价
2022.06	应用行为分析与儿童行为管理（第2版）	郭延庆	49.00
2022.07	成人养护机构实战指南	[日]村本净司	59.00
2022.07	执行功能提高手册	[美]James T. Chok	48.00
2022.08	功能分析应用指南	[美]Adel Najdowski	48.00
2022.08	孤独症谱系障碍儿童独立自主行为养成手册	[美]Lynn E. McClannahan 等	49.00
2022.09	融合教育学校教学与管理	彭霞光	59.00
2022.09	孤独症儿童同伴干预指南	[美]Pamela J. Wolfberg	88.00
2022.10	课程本位测量入门指南（第2版）	[美]Michelle K. Hosp 等	69.00
2022.10	逆风起航：新手家长养育指南	[美]Mary Lynch Barbera	59.00
2022.10	阿斯伯格综合征青少年和成人的社交技能	[美]Nancy J. Patrick	49.00
2022.10	影子老师指导手册	[新]亚历克斯·利奥 W.M.等	39.00
2022.11	家庭干预实战指南	[日]上村裕章	59.00
2022.11	走进职场：阿斯伯格人士求职和就业完全指南	[美]Gail Hawkins	49.00
2022.12	应用行为分析与社交训练课程	[美]Mitchell Taubman 等	88.00
2022.12	准备上学啦	[美]Ron Leaf 等	88.00
2022.12	多重障碍学生教育	盛永进	69.00

微信公众平台：HX_SEED（华夏特教）
微店客服：13121907126（同微信）
天猫官网：hxcbs.tmall.com
意见、投稿：hx_seed@hxph.com.cn
联系地址：北京市东直门外香河园北里4号（100028）

标*号书籍均有电子书

华夏特教

书号	书名	作者	定价
	孤独症入门		
*0137	孤独症谱系障碍：家长及专业人员指南	[英]Lorna Wing	59.00
*9879	阿斯伯格综合征完全指南	[英]Tony Attwood	78.00
*9081	孤独症和相关沟通障碍儿童治疗与教育	[美]Gary B. Mesibov	49.00
*0157	影子老师实战指南	[日]吉野智富美	49.00
*0014	早期密集训练实战图解	[日]藤坂龙司等	49.00
*0119	孤独症育儿百科：1001个教学养育妙招（第2版）	[美]Ellen Notbohm	88.00
*0107	孤独症孩子希望你知道的十件事（第3版）		49.00
*9202	应用行为分析入门手册（第2版）	[美]Albert J. Kearney	39.00
	教养宝典		
*5809	应用行为分析和儿童行为管理	郭延庆	30.00
*0149	孤独症儿童关键反应教学法（CPRT）	[美]Aubyn C.Stahmer 等	59.80
9991	做·看·听·说（第2版）	[美]Kathleen Ann Quill 等	98.00
8298	孤独症谱系障碍儿童关键反应训练（PRT）掌中宝	[美]Robert Koegel 等	39.00
*9942	神奇的5级量表：提高孩子的社交情绪能力（第2版）	[美]Kari Dunn Buron 等	48.00
*9944	焦虑，变小！变小！（第2版）		36.00
*9496	地板时光：如何帮助孤独症及相关障碍儿童沟通与思考	[美]Stanley I. Greenspan 等	68.00
*9348	特殊需要儿童的地板时光：如何促进儿童的智力和情绪		69.00
*9964	语言行为方法：如何教育孤独症及相关障碍儿童	[美]Mary Lynch 等	49.00
9203	行为导图：改善孤独症谱系或相关障碍人士行为的视觉	[美]Amy Buie 等	28.00
9852	孤独症儿童行为管理策略及行为治疗课程	[美]Ron Leaf 等	68.00
*8607	孤独症儿童早期干预丹佛模式（ESDM）	[美]Sally J.Rogers 等	78.00
*9489	孤独症儿童的行为教学	刘昊	49.00
*8958	孤独症儿童游戏与想象力（第2版）	[美]Pamela Wolfberg	59.00
9324	功能性行为评估及干预实用手册（第3版）	[美]Robert E. O'Neill 等	49.00
*0170	孤独症谱系障碍儿童视频示范实用指南	[美]Sarah Murray 等	49.00
*0177	孤独症谱系障碍儿童焦虑管理实用指南	[美]Christopher Lynch	49.00
8936	发育障碍儿童诊断与训练指导	[日]柚木馥、白崎研司	28.00
*0005	结构化教学的应用	于丹	69.00
9678	解决问题行为的视觉策略	[美]Linda A. Hodgdon	68.00
9681	促进沟通技能的视觉策略		59.00

在测试上的平均值或平均水平，以及相应的标准差。正如西德曼（1960）和其他人所指出的，用这种把组间内样本数据进行均值处理的方法并不能充分地提供关于样本每一个体的信息。例如，一组接受阅读干预的学生在某一个阅读测试上取得了均值为50分的成绩，但这个成绩可能是因为半数学生成绩几乎为0，而另一半学生成绩为100所导致的。虽然标准差能够给我们提供一些关于数据所处区间的信息，但不能提供个体真实的表现情况，除非我们把所有被试的成绩都展现出来。虽然统计分析中出现了一些更新的方法，例如效应值（effect size）的计算（参见第4章），可以用来缓解这一困扰，但不可否认这仍是组间比较设计的一个很大的局限性。

实验性单一被试研究设计的发展历程

历史背景

对被试个体进行深入研究，广泛且长期地运用在很多科学领域中，如生理学、医学、精神病学和临床心理学。大部分读者都对西格蒙德·弗洛伊德的观点有所了解，在做心理分析的过程中，他为一些来访者写了很多书（如《狼人》《蝙蝠人》）。在这些分析中，我们不难发现作者采用了很多实证和实验的方法来研究个体（Dukes, 1965; Gottman, 1973; Kazdin, 1978; Thompson, 1984; Valsiner, 1986）。当代实验性单一被试研究方法的发展其实对人类以及动物行为进行研究的**行为学**原理与步骤密切相关。这种方法为研究行为提供了一种很客观的途径，包括直接观察和对外显行为的测量，以及对实验变量（如因变量）进行的操作性定义。有些读者可能听说过，或者熟悉伊凡·巴甫洛夫、爱德华·桑代克、约翰·华生和克拉克·赫尔的著作（Kazdin, 1978）。例如，巴甫洛夫因其**应答性**或**经典**条件反射论而知名。**在该框架中**，因某个特定的刺激自然而然产生的反应，也可以在其他刺激的控制下产生。例如，眼科医生在你眼部吹一口气，你就会很自然地眨眼睛。若是医生在每一次吹气之前都问"准备好了吗？"，那么在一段时间之后，每当你听到"准备好了吗？"的时候，你就会很自然地眨眼睛。

巴甫洛夫的研究给其他很多行为学研究者很大的激励，包括约翰·华生。华生一直致力于把行为学研究发展成为一个尽可能客观的、自然的科学（Watson, 1924）。他们的研究对B.F.斯金纳产生了重大的影响，斯金纳被认为是20世纪最著名的心理学家（Bjork, 1993）。在巴甫洛夫和其他学者的研究基础之上，斯金纳发展了操作性条件反射(operant conditioning)的原则和实施步骤。在该框架中，我们可以通过控制刺激物（stimulus）促使某个反应（response）出现，随即出现某个后果(consequence)，而这个后果会影响这个反应的再次出现。举个简单的例子，我们给一个学生展示一张写着字母 A 的卡片，问他"这是什么字母"，如果学生回答说"A"，我们就给他一些社会强化物（如表扬、拍拍肩膀、微笑）。使用同样的程序进行训练能使学生识得其他字母，最终他将能够认识字母表上的所有字母。

斯金纳的研究主要是在实验室进行，开展对象是非人类动物，如老鼠和鸽子。和若干同事一起工作，使斯金纳的理论水平得以提升，建立起一系列的操作性原则和实施步骤，如强化物、惩罚、消退、刺激控制，这些整合起来被称为行为的实验分析（Experimental Analysis of Behavior, EAB）。

这些研究成果广为发展，促成了《行为实验分析杂志》的出刊（*Journal of the Experimental Analysis of Behavior, JEAB*，1958 年创刊至今）。同一时期，西德曼（1960）出版了一本很有影响力的著作[①]，详细阐述了开展行为实验分析的方法论原则和操作步骤，强调行为效应在研究被试个体中产生的复制性效果，而不是传统的组间比较的形式。例如，先给实验盒子里的鸽子按照每啄三下就给一点点食物的安排计划进行强化（固定比率强化为 3）。然后逐步撤离食物强化物，随后再重复以往的强化安排。通过这个方法，研究者可以观察被试在每个强化物附随的条件下的重复性反应（Ferster & Skinner, 1957）。

西德曼（1960）就实验效果复制的不同类别进行了清晰的界定。**直接实验复制**（direct replication）是指在相同的被试或新被试身上实施相同的干预方法或自变量处理，来判定能否获得同样的效果。例如，教师发现采用操作实物的方法在某一年促进了学生数学成绩的提高，他在下一学年可能还会在新生中使用同一种方法，看效果是否一致。**系统实验复制**（systematic replication）是指使用一样的干预方法，但是做了必要的改变，比如干预的变式，在不同的被试或不同的情景中实施等。例如，教师可能认为调整之后的操作实物干预也许会产生更好的效果，所以就把改良的操作实物在有类似背景的学生中运用，以评价其效果。抑或，教师改教年龄大一点或小一点的学生或残疾学生，尝试在新生中采用操作实物的方法。大部分单一被试研究都包括在被试组内、组间或组内结合组间来直接实验复制实验效果。随即，研究者会开展其他研究，进行直接实验复制以及系统实验复制，来建

---

① 译注：即《科学研究策略：实验心理学的数据评估》（*Tactics of scientific research: Evaluating experimental data in psychology*）。

立实验结果的外部效度与普适性（Kratochwill & Williams, 1988）。

专栏 1.1

> 斯金纳和他的同事在研究过程中，开发了很多技术工具，如实验箱（有时被称为斯金纳箱）。在这个箱子里，鸽子可以啄食磁盘，老鼠可以按压杠杆。这些行为会自动地被斯金纳发明的累计记录仪记录下来（记录并展示被试做出反应的累计次数）。最新的一次采用这种方法记录数据的展示请参见图1.1。累计记录是把一定时间内的所有反应数据全部累加记录下来。记录每一组作家每一天写作的字数，并与前一天写的字数累加起来，这样记录所写的总字数。图中的数据就显示了在干预实施中，两组作家的写作字数超过了预期值。

如上所述，西德曼（1960）还列出开展实验研究的四大理由。第一条是通过实验来评估假设。如上文所述，这是大多数组间比较设计的传统方法。第二条是实验能充分调动研究者对本质探究的兴趣。就像上文所说的，教师可能对通过在教学中采用操作实物进行数学课教学的效果感兴趣。第三条理由是研究者可以试着采用新的实验方法，例如，可以用不同的方法收集和分析资料，或是在实验中采用不同类型的仪器。在上面的案例中，教师可能会让学生用计算机记录并画出他们每周阅读作业的成绩表，而不是用纸笔的形式。最后一条理由是实验可以帮助产生某一种行为表现。这一点西德曼是指实施某一种实验程序，可能会导致另外一种没有预料到或以前没有观察到的行为表现的出现。例如，教师可能想在班里实行一个群体依联（contingency）的奖惩措施，要求学生分成若干小组，但组内的学生必须要达到一定的成绩，才能得到一定的奖励。虽然教师的侧重点是学习成绩，但教师可能发现这一措施还带来了各小组内积极、主动的交流频数的上升，这还需要后续研究全面评估这一效果。

与采用统计分析的组间比较设计相比，单一被试研究设计可以说采用了较为**归纳**的途径。正如上文西德曼提出的四大实验研究的目的，成形的并以理论为依据的假设并不一定是在开始的时候就出现让我们去验证的，而是要长期反复地进行很多实验来发现某一程序的不同特征和效果。然后研究者在数据产生的规律基础之上，形成比较普遍性的原则（Skinner, 1953）。这有时候被称作反应导向式实验（response-guided experimentation），就是研究者会根据某一行为的变化而相应地调整相关变量（Ferron & Jones, 2006）。

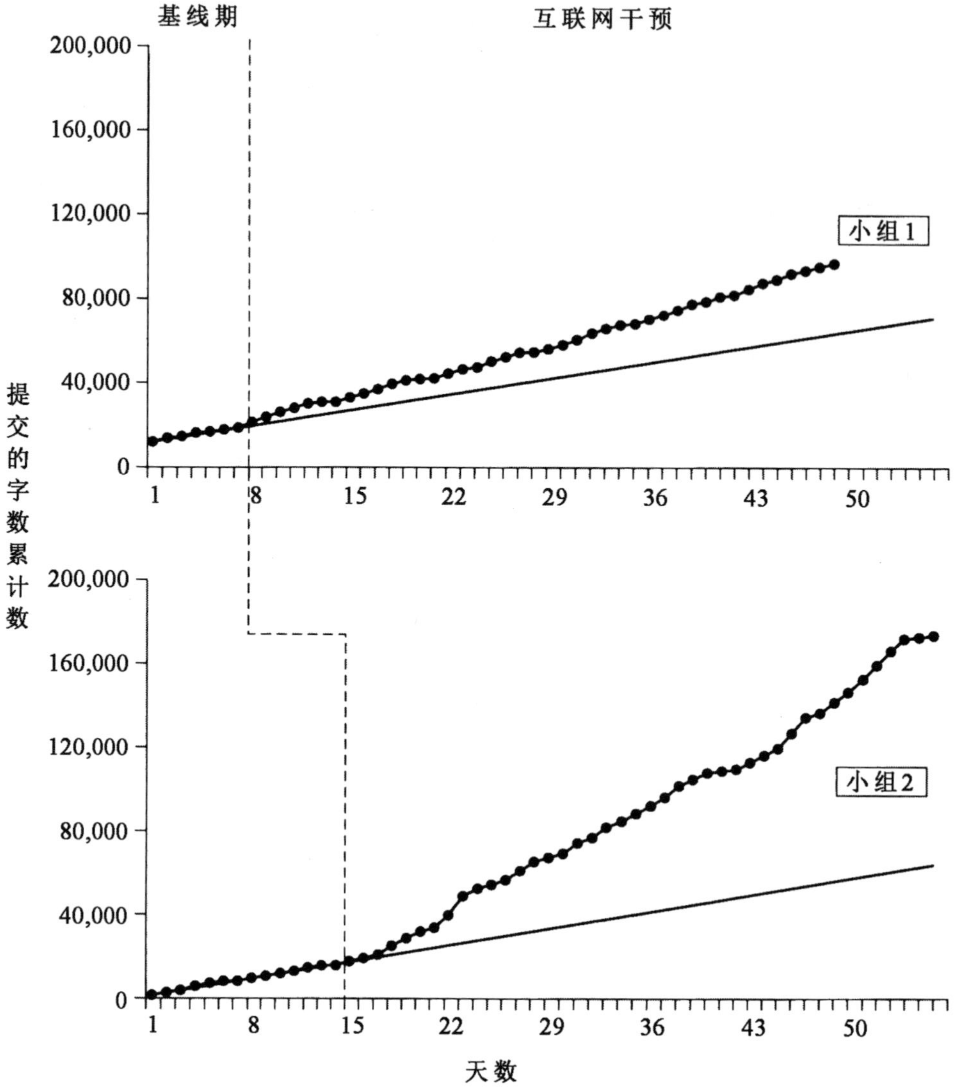

图 1.1 该图描述了两组小说作家（一组为 6 人，另一组为 4 人）在基线期（无干预）以及互联网干预阶段（在网上，如果作家所写的字数达标的话会获得相应的反馈告知）的字数累计数。图中展示的在干预期间的趋势线（实线）显示了没有干预的情况下，可能出现的字数累计数（参见第四章）。

资料来源：M. Porritt, A. Burt, A. Poling, Increasing Fiction Writers' Production: An Internet-Based Intervention, *Journal of Applied Behavior Analysis*, 2006, 39, fig. 1, p. 396. 版权归实验行为分析协会所有，同意翻印。

应用行为分析的发展历程

从斯金纳开始这方面的研究之时,他就认为把行为学准则应用到更多的人类行为上是存在可能性的(Skinner, 1948, 1953)。在20世纪50年代,行为学研究者开始离开动物实验室,而在更具有应用性的场景中,尤其是对有心理或发展障碍的儿童和成人开展研究。这些场景还包括精神病院(Lindsley, 1956)。例如,艾利昂和迈克尔(1959)的研究显示了对工作人员的社会性关注,可以引发连带性的适当的应答,这能够提高机构中有精神分裂症的成人的应答行为。其他研究团队也发现行为学准则和程序可以增加孤独症儿童的良好行为(如语言行为),并减少不良行为(如自伤行为;Lovaas, Freitag, Gold, Kassorla, 1965; Wolf, Risley, Mees, 1964)。这些方法对改变学前班级中有社会退缩行为的儿童的社会性游戏行为方面也有效(Allen, Hart, Buell, Harris, Wolf, 1964; Hart, Reynolds, Baer, Brawley, Harris, 1968)。其他一些应用关注改善课堂中学生的行为(Becker, Madsen, Arnold, Thomas, 1967),这和其他一些先驱性研究都显现了行为学原则和程序的强大之处,即在更为基本的实验室场景之外的环境中对一些现实社会问题的影响。应用行为分析的核心特征之一就是其致力于有重要社会意义的行为(参见表1.1)。

从20世纪60—70年代起,应用行为分析在很多领域都产生影响,并繁荣兴盛起来,这些领域包括发展性障碍、教育学,以及商业中的组织行为管理学(Friman, Allen, Kerwin, Larzelere, 1993)[有时候人们也用其他术语来形容这一方法,如行为矫正或行为管理(Kazdin, 1978)]。《应用行为分析杂志》(JABA)于1968年创刊,随后几年中一些与应用学相关的期刊相继出刊(如《行为矫正》《发展性障碍的分析与干预》《组织行为管理杂志》)。在《应用行为分析杂志》的创刊号上,贝尔等人(Baer et al., 1968)详细地介绍了应用行为分析的核心特征,而这些都是基于单一被试研究这一方法。这些特征参见表1.1。在介绍这些特征的同时,贝尔等人(1968)还介绍了当时单一被试研究的两个主要的常用方法(倒返设计和多基线设计),以及背后的理论基础(参见第6章、第7章)。从此,应用行为分析的有效性在很多领域中逐日显现,包括教育学、临床心理学、发展性障碍研究、商学、儿科学和很多其他学科(Austin & Carr, 2000)。

单一被试研究与应用行为分析的联系

值得指出的是,也正如他人所提出的,单一被试研究并不仅仅用来评估行为干预的有效性（Kazdin, 1982），也可以应用在任何一个我们想去探究的某种潜在行为改变程序效果的研究中。在行为药理学中，单一被试研究设计在很多方面都被大量地应用，用以评估药物在动物和人类身上的效果（Poling & Byrne, 2000）。此外，单一被试研究设计还用来评估一些较少研究行为干预的学科领域中研究的效果，如临床心理学、言语语言治疗学和社会工作学（Kendall et al., 1999; McReynolds & Kearns, 1983; Tripodi, 1998）。虽然本书中有很多单一被试研究的个案，但值得读者注意的是，这种设计方法并不仅局限于行为干预领域，而是有更广泛和潜在的应用之地。

表 1.1　贝尔、沃尔夫和里斯利（1968）提出的应用行为分析研究的核心特征

1. 应用性：此类研究关注一些社会重要领域（如教育、心理健康）的问题及挑战，而不是基础或抽象的实验研究。
2. 行为性：关注客观观察和测量人们的言行（也就是人们的行为），这与客观性不高的测量内容（如自我报告）是不同的。
3. 分析性：控制好变量的单一被试研究能够展示出干预与行为变化的功能关系。
4. 技术性：分析步骤要求行为的变化必须是可操作、可定义的，这样他人才能复制和实施应用行为分析。
5. 概念性：行为变化的步骤必须清晰地依照行为分析的概念性原则实施。
6. 有效性：行为变化的步骤必须产生实效，能给被试带来深远的影响（也就是社会效度，参见第 3 章）。
7. 普适性：行为变化的步骤必须在各种期望的行为、场景以及个体上产生影响。

单一被试研究在判定循证实践时的作用

在过去的 20 年里，很多领域（如医学、临床心理学、教育学）的临床人员和学校工作人员在把对照研究中已经被证实有效的干预或治疗方法应用到实践时，面临的压力越来越大。这一趋势已经体现在以下标志性的用语中，如实验所证实的治疗、实验所支持的治疗和循证实践。临床医学就是这一趋势体现的证明。在 20 世纪 90 年代初，美国心理学会临床心理学分会（第 12 分会）建立了专门工作组，判定由实验研究结果得出的被认为有效的心理治疗的方法是什么（Chambless et al., 1998; Chambless & Hollon, 1998）。还有其他很多活动都证明这一趋势的形成，而这也就日益规范了研究在质量和数量方面的一系列标准。这些标准可以帮助我们判定某一实践是否得到了实验支持，是否以循证为根基。

表 1.2 列出了判定**良好建立**的干预以及**或许有效**的干预措施的标准（Chambless et al., 1998）。可以看出，专门工作组就组间比较和单一被试实验设

计分别列出了标准。单一被试研究设计的标准明确了实验的最少次数，而不是被试的最少数量。有一个标准在某些单一被试实验设计中不常见，就是标准 II.B（其干预方法和 I. A 中的其他干预方法进行了比较）。一些单一被试实验设计仅关注于某一种干预（参见第 6、7、8 章），而有些单一被试实验设计则关注于比较不同干预方法的相对效果（参见第 9、10 章）。此外，尽管近年来越来越要求数据收集要严谨，以保证因变量或干预实施的完整性和一致性（Gresham, Gansle, Noell, 1993），但单一被试研究很少使用干预手册（良好建立的标准 III）。

伴随着 2002 年《不让一个孩子落后》（No Child Left Behind Act of 2001）教育法的颁布，循证实践被正式引入教育领域。尽管教育科学研究的一份著名报告强调研究应设计多种类型的问题，需要不同的方法（Shavelson & Towne, 2002），《不让一个孩子落后》仍然强调把"以科学为基础的研究"定义为客观的评估以及实验设计，尤其是随机组间比较（NCLB, 2002）。最后一个标准引起了学者们，尤其是特殊教育界学者们的极大担忧。因为该领域的研究者在开展随机组间比较研究中，会面临极大的挑战，如确定和选择被试方面的困难，尤其是研究那些残疾发生率较低的学生（如重度的智力障碍、视觉和听觉双重障碍；McDonnell & O'Neill, 2003）。正如前文所述，当被试被放在没有接受治疗的控制组的时候，可能会引起伦理道德问题。这些问题是非常严重的，因为它们直接影响学者是否能够申请到国家科研基金，并开展对不同类别残疾学生的干预研究（Spooner & Browder, 2003）。

应对这些顾虑，很多特殊教育学者提出应把单一被试设计的研究作为判断科学或循证研究的标准基础（Cook & Schirmer, 2006）。波尔斯格罗夫和福尼斯（2004）则提出了组间比较设计和单一被试研究设计的标准（详见表 1.2）。这些标准包括研究被试的最小数量，以及一组研究中如何获取平均的效应值，还包括基线期与干预期之间非重叠数据点的百分比（详见第 3 章）。2003 年美国特殊需要儿童协会（CEC: Council for Exceptional Children）开始致力于特殊教育的循证实践的标准认定（Odom et al., 2005），这直接促成了多个分学会的学者们去评量和撰写各种研究方法，而这些研究方法在认定循证实践中发挥了重大作用，包括组间比较、相关分析、质性研究法以及单一被试研究设计。关于单一被试研究设计，霍纳等人（2005）列出了评价该类研究方法使用得当、严谨及准确的一系列指标，包括自变量与因变量的操作性定义与评价策略，被试个体和不同被试之间的效果复制，以及干预过程及效果的社会效度评估。他们提出评价单一被试研究具备循证实践特征的一系列指标（详见表 1.2），这些指标关注实验严谨准确及科学性的保证、单一被试研究的数量以及被试的个数，以及不同研究被试群体和地点的效果复制。并且，霍纳等人以功能性沟通训练（Functional Communication Training, FCT）为例，展示其符合循证实践标准的特征，包括问题行为的功能分析（如获取社会关注、回避/摆脱不喜欢的活动或任务），教导儿童使用适宜的替代行为来表达其需求和意图（如使用书写着"我需要休息一下"的卡片）。在大量的被试、不同的场景、不同地点和不同的研究团体中，现已经广泛地使用这种方法来减少问题行为并增加适宜行为（Chambless et al., 1998; Horner et al., 2005）。

表 1.2　判定干预或治疗措施是实证所支持或是以循证
为根基的核心指标

尚布莱等人（1999）的标准
良好建立的干预
I. 至少有两个组间设计表现出以下任何一个方面的有效性：
　A 优于（统计学上显著差异）药物、心理安慰剂或其他治疗方法；
　B 与一个已经证实且有相当大量样本的实验治疗方法的效果相当。
或
II. 一大系列的单一被试实验设计（数量≥9）表现出有效性。这些实验必须：
　A 采用了良好的实验设计；
　B 其干预方法和以上 I.A 中的其他治疗方法进行了比较。
I 和 II 的其他标准还包括
III. 实验必须依据干预手册进行；
IV. 样本的特征必须清楚地阐述；
V. 至少有两个不同的研究者或研究团队展示了实验效果。
或许有效的干预
I. 两个实验证明其中一个干预方法强于（统计学上有显著差异）另外一个控制组；
II. 一个或多于一个的实验结果满足良好建立的干预标准中的 I.A, I.B, III, IV, 但没有满足 V；
III. 一小系列的单一被试实验设计（数量≥3）满足良好建立的干预的标准。

波尔斯格罗夫和福尼斯（2004）提出的循证实践的标准
I. 至少有 2 个设计完备的随机组间差异比较研究证明有效性；
II. 至少 12 个组间实验或准实验研究的元分析证明其平均效应值为 0.7 或以上；
III. 至少 20 个设计完备的单一被试研究，至少有 60 个被试，其平均的非重叠数据点的百分比（PND）至少为 80%。
部分循证实践的标准
I. 一个随机组间差异研究显示有效性；
II. 4 个准实验研究或至少 12 个研究的元分析研究，且其平均效应值为 0.4 或以上；
III. 对 12 个单一被试研究的元分析研究，且其非重叠数据点的百分比（PND）至少为 70%。

霍纳等人（2005）提出的循证实践的标准
I. 最少 5 个单一被试研究发表在同行审阅的期刊上，并满足最低可以接受的方法准则；
II. 在至少 3 个不同的地理位置上，研究由 3 个不同的研究者实施；
III. 这 5 个或更多的单一被试研究包括至少 20 个被试。

当然，不同学者从质性与量化的角度列出不同的判断标准，去审视单一被试法的科学严谨性，以确保运用该种方法的干预研究能够符合循证实践的标准。然而，一个共同的判断标准是干预需要使用多个单一被试研究设计，在多个研究被试与组群中使用，这与西德曼（1960）所提出的系统实验复制（见上文）的概念如出一辙，以此来确立干预效果的普适性。

结束语

本章试图给读者介绍单一被试研究法的历史发展和现状。作为一种科学研究方法，单一被试研究法广泛地应用于各种基础与应用领域（Dermer & Hoch, 1999）。作为一种探索手段，单一被试研究法赢得了大众的认可和推崇（Morgan & Morgan, 2001）。单一被试研究很适宜地表现出自变量与因变量之间的功能关系。研究效果的复制可以建立出某个干预的普适性或者外部效度（详见第 3 章）。在此也希望单一被试研究法可以用来解答在各种背景与领域中出现的值得探索验证的问题（如学校、社区等）。本书的其余章节详细地介绍了单一被试研究设计的基本概念、使用策略以及如何把实验结果向更广泛的群体传播。

第2章 测量什么与怎样测量①

如第1章所述，在单一被试研究设计中建立自变量与因变量之间的功能关系需要反复测量研究被试在干预前与干预中的行为（Barlow & Hersen, 1984; Tawney & Gast, 1984）。研究者对所观察到的各种变量之间的关联程度的自信取决于有效测量系统的产生与实施（Horner et al., 2005）。同样，研究者在设计研究的时候首要考虑的两个重要议题就是目标行为如何定义，以及行为变化如何测量。选择了测量方法之后，研究者必须保证记录目标行为变化的步骤是切实可靠的。此外，研究者必须保证在不同被试、行为和情景中，对自变量的处理都应该保持一致。最后，研究者还需评价干预的社会效度。以上这些要素都能提升研究者确保实验控制的能力，并能有效地表述研究结果。本章将对以上各个必要要素进行阐述。

测量的参数

首先要记住任何研究的测量体系的普遍参数均应由所提出的研究问题决定。设想研究问题为"恒定时间延迟（constant-time delay）能否促进发展性障碍学生的穿衣技能呢？"很明显，该研究的目标行为包括每一个被试学生的一个或多个穿衣技能，相应的测量则包括评估的变量：如学生的反应准确率、完成技能的独立程度以及他们完成技能所需要的时间。相反，若研究问题为"是恒定时间延迟，还是最多到最少辅助系统（the system of most to least prompt），能够更为有效地提升发展性障碍学生的穿衣技能的获得呢？"这样的研究问题则需要更多关注变量的测量，如在为完成某一标准所进行的尝试次数、教学时间的多少等变

---

① 本章由约翰·麦克唐奈、罗拉·特斯黛·希思菲尔德（Lora Tuesday Heathfield）共同撰写。

量上。研究问题给我们研究者一个方向，指引研究者如何定义目标行为（target behavior）和需要测量目标行为的哪些方面。

定义目标行为

开展有效评估系统的第一步就是给研究中被列为因变量的行为下一个操作性的定义。霍金斯和多特森（1979）列出了操作性定义行为的三个必要标准：①目标性；②清晰性；③完整性。目标性意味着行为是可观察的，并被他人有效地记录。清晰性是指定义不能模糊不清，不需要过度解释就能使该目标行为区别于其他行为。完整性是指定义还要有清晰的指导原则，说明判定为目标行为的标准是什么，这样只需要最简单的判定就可以辨别该行为是否发生。在需要判定目标行为时，一个完整的操作性定义将能保证多名观察人员在不同的场合做出一致的判断。比如穿衬衫的一个较好的操作性定义是"衬衫的外面是朝外的，学生的胳膊在正确的袖子里，扣子一定都扣好，衬衫的下摆是直的"。相反，"学生穿好衬衫"则是一个糟糕的操作性定义，因为它需要观察人员就学生是否穿得正确做出多次的判断。同样，一个准确的攻击性行为的操作性定义是"任何用胳膊、手、腿、脚或牙，朝向另一个体的击打动作，并伴有可听到的语言威胁，无论这一举动是否接触到另一个体"。攻击性行为的糟糕的操作性定义是"对他人有攻击性"，因为这样的定义让观察者总要做出判断。例如，学生拍桌子，或对人喊叫算不算是攻击性行为。

明确一个操作性定义对测量行为来说是非常重要的，原因如下：第一，操作性定义可以保证行为测量的结果是准确的。在同样的场景中，两个不同的个体对目标行为是否出现的判断意见应是一致的。如果操作性定义不客观、不准确，又不完整，很可能使得两个观察者对不同的行为进行测量，准确性也就大打折扣了。第二，一个全面详尽的操作性定义能够准确地评估某一具体干预在目标行为上的有效性。否则，就不能清晰地判定行为变化到底是由于干预策略导致的，还是行为测量时出现的偏差导致的，还是二者一起导致的。随着数据收集的开展，可能也会有模棱两可的情况发生，即操作性概念不够准确，或是突发事件是否应该判定为目标行为的出现。例如，上文中攻击性行为的个案，学生可能在操场上捡起一块石头扔掉，却不小心扔掉同学身上。这一情景是我们开始下操作性定义的时候没有预料到的，因为这样的行为从来没有发生过。在这样的情况下，就需要对操作性定义稍微改动一下，来提高判断的准确性，但我们最好能在数据收集之前就能够做好这些判断。一旦目标行为得到清晰准确的界定，数据的正式收集

判定测量行为的具体维度

被试做出的反应可以在多个维度进行评估。例如，评估一个学生穿衬衫的技能表现，研究者可以根据行为的操作性定义来判定其反应的一致性（准确率），还可以测量教导人员给予指导与帮助的程度，也可以测量学生穿衬衫所用的时间，或是将以上三者都作为研究者测量的内容。同样，在测量学生的攻击性行为时，研究者可以记录攻击性行为的频数，可以记录某一行为的持续时间，还可以测量行为的严重程度。选择测量的某个维度，或是行为的多个维度来考量目标行为的变化，其实取决于这个研究者的研究问题。选择行为的多维度信息进行测量，目的就是方便研究者清晰地回答研究问题，并记录自变量和因变量的功能关系。一般而言，单一被试研究所涉及的行为的具体维度包括频数、准确率、持续时间、潜伏期以及程度（参见表2.1）。

频数（比率）

频数（Frequency）是指行为在某一具体时间段内出现多少次。行为的频数数据，如每分钟或每小时的出现次数，一般被称为行为的比率。若研究问题针对某一具体行为的发生率的减少或增加，那么行为的频数或比率是适宜的测量维度，如学生在习题册上一分钟之内正确完成数学题的数量，或是电子产品制造厂的一个工人每小时安装集成电路板的数量。如果目标行为只会在某一个具体情况下发生，或持续发生一段时间的话，频数或比率就不是一个适宜的测量维度了。

例如，若测量学生识读老师展示的闪卡上的那些不遵循拼读规则的常用词，频数或比率就不是一个很合适和有效的测量维度。在这个例子里，学生识读的单词数量会受到老师展示闪卡速度的影响。

若测量学生在科学课参与学习的程度，或测量学生往返杂货店的时间，频数或比率也不是合适的测量维度。在这些例子中，研究者更热衷于被试在观察时间段内完成某项任务的时间的多少，或被试完成某项任务所需要的时间总量。

准确率

该维度是指研究被试正确反应的次数或百分比。一般而言，准确率（accuracy）是根据目标行为的定义或一个先前制定好的标准，评估学生在一个给定的控制好的机会下达成目标行为的情况。当研究问题针对新行为的习得时，准确率就是一个很好的测量维度。例如，学生正确穿上衬衫的次数，或在干预期内正确完成数学题的数量。

表 2.1 行为各个维度的汇总

测量的具体维度	定义	用途	基本的测量内容
频数/比率	在某一指定的时间段内，目标行为的出现或未出现的次数。	跟踪多个观察时段内的目标行为的增加或减少趋势。	在某一固定的时间段内目标行为出现或未出现的次数；目标行为出现的次数除以时间单位的集合（秒、分钟或小时）。
准确率	根据目标行为的操作性定义或先前设定的表现标准，完成目标行为。	跟踪被试完成目标行为能力的进展。	正确完成的次数；正确完成的次数除以总共给予被试的机会数（正确反应的百分数）。
持续时间	目标行为持续的时间长度。	跟踪行为持续时间，或在观察时段内行为持续时间跨度的增加或减少的趋势。	行为持续的秒数、分钟数或小时数；行为持续时间的均数、中位数或范围。
潜伏期	从给出某一刺激物到目标行为出现之间的时间间隔长度。	跟踪被试开始目标行为所需要时间的增加或减少的趋势。	秒数、分钟数或小时数；时间持续的均数、中位数或范围。
程度/强度	目标行为的严重程度或力度。	判定目标行为是否满足一个确定好的表现标准。	满足或没有满足某一表现标准的回应次数或百分比。

持续时间

持续时间（Duration）是指行为从开始到结束的时间，可以根据每个目标行为从出现到结束的时间跨度来评价（如用时85秒穿上衬衫），或目标行为在某观察时间段内出现的时间长短（如做数学题用时 3.5 分钟）。当我们的目的是增加或减少行为的持续时间的时候，我们最好使用持续时间作为测量维度，测量行为从一开始到结束的时间跨度，如学生参与课堂的时间长度或完成穿衬衫所用的时间。

潜伏期

潜伏期（Latency）是指从某一刺激物开始展示到某一具体行为出现之间的时间间隔长度。例如，看到蛇以及出现惊讶反应，如吼叫，这之间的时间间隔，或是过马路时从红灯变为绿灯之后，行人需要开始做出穿过马路动作所需要的时间。在这些例子中，当试图增加或减少一个事件和具体反应之间时间间隔的时候，潜伏期就是一个最为适宜的测量维度。

程度/强度

程度（Intensity）一般是指行为的严重程度，但还可以指行为的"重要度、强度、幅度、力度或努力程度"（Kazdin, 2001, p7）。行为的程度是很难准确测量的，因为这需要一定的判断力。心理学上的测量方法，如脉搏数、心跳数，是程度方面比较准确的测量内容，但经常发生这种情况，即程度仅通过判定结果来决定时，就十分困难（比如，"学生打击物体的力量达到一定程度以致破坏物体了吗？"）。另一个比较客观的程度的测量是区分和定义具体的类别，如轻度、中度和重度，这样做是为了增加测量的准确性，不过这还需要一定的判断力。当我们试图去增加或减少行为的强度时，如挥动棒球棒或自伤，测量行为的程度是比较适宜的维度。

测量的程序

选择最合适的数据收集程序，首先要考虑研究场所的特征，目标行为如何确定以及需要评估的测量维度，还要考虑干预的性质以及所需要的资源。单一被试研究主要使用两种测量程序，包括对永久性成果的测量，还有对被试行为的直接观察。

永久性成果的测量

当某一行为直接导致具体物品的出现时，我们可以使用永久性成果（permanent

products）的测量方法。例如，若学生无法独立完成数学课堂作业时，那么我们在这结束之后，可以计算他们的数学练习册上完成数学题的百分比。永久性成果测量的优点是十分方便，并且对正在进行的活动干扰最小，因为它不需要我们直接观察。直接观察有时候是不现实的。此外，永久性成果可以在事件发生之后长期地保留。

永久性成果测量的最大弊端是不能为成果的真实产生过程提供足够的信息。例如，如果学生仅完成试卷上 30% 的题目数，那么研究者不能判定这是因为学生在独立完成数学题的时候受到了干扰，还是由于学生没有掌握必备的基础数学知识导致的。此外，永久性成果测量在那些能够产生可触摸实物的行为测量过程中有所局限。

观察性记录

观察性记录（observational recording）是在真实情景下或产生数据时，直接记录数据。另一个变通之法就是使用录音或视频装置记录行为样本，然后再进行整理并使用。在任何一种情况下，都需要一个或更多的观察者（或真实的目标个体）参与数据的记录。直接观察个体的行为可以提供目标行为真实发生（或未发生）的准确信息，而不是从报告中获得的行为发生（或未发生）的信息。在研究开始之前，我们要对观察程序做出四个判断：观察时段的数量、观察时段持续多久、什么时候开始观察以及如何对目标行为进行编码（Kazdin, 2001）。

第一个判断就是进行数据收集所需的观察时段数量。这取决于目标行为是如何随着时间发生变化的，还有一些更切实的考虑，包括观察者的观察能力，以及一些潜在的局限性，如日程安排的困难。最终目的是尽可能多地开展观察，以便能在干预之前或实施过程中准确测量目标行为（Horner et al., 2005）。一般建议在基线期和干预开始之后，至少有五个数据收集的时段。

第二个判定就是观察时段持续多久，其目的是开展时间足够长的观察，以获得目标行为准确的样本信息。一些行为可能在某个时间段发生，所以需要对观察时段做出相应的安排。例如，如果学生的干扰行为总是在学习 20 分钟之后出现，那么观察时间就应该为 30 分钟或更长。在这一个案中，15 分钟的观察时段可能不能对目标行为准确测量。观察时段的长度还可能由干预期内，学生对指导回合的次数所做出的响应次数决定。例如，一个干预期和下一个干预期的观察时段可能就不一样，这要看被试完成已经计划好的教学回合所需要的时间。

第三个判定就是什么时候开始观察，这在很大程度上取决于目标行为的性质和其经常发生的场景。例如，观察学生如何使用刀叉，那么用餐时间最适合观察和收集数据。理想而言，应该设计多次、多个场景下的观察时段（还有确保你希望行为改变的场景也要列入你的观察中来）。任何一种数据收集的最终目标就是获得你所关心的个体行为的最具有代表性的样本信息。

最后，还要判定如何在观察期对被试目标行为的表现进行编码处理（Bijou, Peterson, Ault, 1968）。观察性编码程序（observational coding procedures）可以针对某个单一行为，也可以是多个行为。例如，研究者记录行为频数时，可以简单地在数据记录单上画个标记，还可以用"+"或"-"代表反应是否正确。记录程序还可以同时跟踪多个行为，这通常会用编码机制去代表不同的行为（如"T"代表随意说话行为，"O"代表离座行为）。一些研究问题可能需要研究者不仅仅对被试的行为进行编码，还要对诱发行为产生的刺激物或行为发生之后的情况进行编码。在设计观察编码系统的时候，研究者应使其尽量简单，同时也要保证能够采集足够的数据，以解答研究问题。

直接观察（direct observation）可以保证在自然情景下行为实时发生的时候，直接记录行为数据。行为测量的途径可以是持续性的或非持续性的。持续性测量（continuous measure）可以让研究者在观察期内记录所有的反应（Johnson, Pennypacker, 1983）。非持续性测量（discontinuous measure）能够记录一些，但不能记录所有的反应，只能估算行为在观察期内是否出现。

持续性测量

持续性测量包括对事件、持续时间和潜伏期的记录。事件记录法（event recording）是记录观察的某一具体行为的出现（或没有出现）的准确次数。每当行为出现，就在数据记录单上记录一个编码（如标记或符号）。有时候，编码可能就只是记录观察期内目标行为出现的频数（如学生在早上围坐的时候喊不适当的用语12次；参见表2.1）。在其他情况下，编码还可以反映学生回应的性质（如学生正确或错误地读出烹调方面的常用词，参见表2.2）。事件记录法能够准确地记录有明确的开始和结束界限特征的目标行为，其优点是在使用和整理方面比较简单，能够对每个观察期被试的行为表现做直接评估；最大缺点是不适合记录高频发生的行为，或是持续时间很长的行为。例如，观察者很难准确地记录学生刷牙时挥动手臂的次数，或被试在自我刺激时上下挥动手臂的次数。事件记录法还不适合记录那些侧重于行为持续时间而非行为出现次数的研究，如被试玩电子游戏或发脾气的行为。

表 2.1　行为发生频数的数据记录样例

被试：约翰　　　　　　　　　　观察者：鲍勃			
目标行为：离座			
日期	时间	频数计数	行为总计
1月15日	10:00-10:20	✓✓✓✓✓✓✓✓✓✓	20

表 2.2 准确率的数据记录样例

学生：唐						教师：史密斯女士				
示例条目 += 正确 0= 错误	日期									
	9.1	11.1	16.1	18.1	22.1					
烘焙盘	0	0	0	+	+					
烘焙裱花袋	0	0	+	+	+					
烘焙铲	0	+	+	+	+					
烘焙 T 型铲	+	+	+	+	+					
油刷	0	+	+	+	+					
正确百分数	20	60	80	100	100					

资料来源：McDonnell, J., Johnson, J. W., McQuivey, C. *Embedded instruction for students with developmental disabilities in general education classes.* CEC, 2008, vol.6, fig. 4-9, p.56. 版权归美国特殊儿童委员会所有，同意翻印。

持续记录法（duration recording）是记录目标行为每次出现的持续时间长度的方法（如学生准备去上学所花费的时间，表 2.3）。为了准确收集数据，行为必须有一个明确的开始和结束，这就需要对行为开始（行为开始的描述）和行为终止（也就是行为结束的描述）有个清晰的操作性定义。使用持续记录法收集数据，若行为出现是有规律的，数据可以转化为平均的持续量（如"学生在早上发脾气平均持续 6.3 分钟，在下午平均持续 10.1 分钟"），还可以是持续的时间总量（如"学生穿上衬衫的时间为 68 秒"）。如果观察时间段内行为表现比较平稳，就能计算出一个百分比（如"学生在自习时间离座行为所占时间为 35%"）。

表 2.3　持续时间数据记录样例

被试：约翰　　　　　　　　　　　　观察者：鲍勃
目标行为：穿衣去上学

日期	开始时间	结束时间	总持续时间
1/15	7:10	7:23	10 分钟
1/16	7:04	7:14	10 分钟

潜伏期记录法（latency recording）和持续记录法很相似，然而潜伏期主要测量的是两个事件发生的间隔时间。通常，潜伏期记录法可以评估刺激（如要求）和行为（如反应）之间的间隔时间。例如，从老师提出要求如"拿出你的铅笔"，到学生拿出铅笔放在手里，对这之间的时间间隔的记录。潜伏期记录法与持续记录法还有一点不同，即观察者必须观察两个不同时间点的两个不同行为事件（如开始的刺激以及行为反应）。还有，为了准确记录潜伏期的时间段，刺激物的终止（如要求结束）和行为的开始（如反应开始）的清晰的操作性定义是非常重要的。

非持续性测量

非持续性测量包括时距记录法和时间抽样程序。时距记录法（interval recording）用来记录某一行为出现的频数（或没有出现的频数）。然而，就像上文所指，时距记录法可能会是对目标行为持续时间或频数的预估，而不像事件记录法那样记录目标行为出现的实际次数或持续的实际时间段。在时距记录法中，观察时段被分为若干个等量的时间段，就像数据记录单上的小格子显示的（表2.4），每个格子都代表了一个事先规定好的时间段。时距长度则是由研究问题所指的目标行为的频数和持续时间决定的。时距总是不超过30秒（Cooper, 1981），一般为10～15秒（Kazdin, 2001），尤其对那些高频行为来说。小于10秒钟的时距并不常用，因为若以这样的速度记录数据，会导致误差增多。通常，观察时段被分为若干等量的时间段（如10分钟的观察时段被分为60个10秒钟的时距）。时距记录法可以得出目标行为出现的时距段数所占的比例，通常是以目标行为出现的时距段数的数量和百分比来报告的（如"观察到学生的离座行为时距值为75%"）。考虑到时距记录能测量出行为所占时距的比例，以及估算行为的频数，也能预估出行为所持续的时间段。有两种时距记录的方法：全时距记录法和部分时距记录法。

在全时距记录法（whole interval recording）中，行为在整个时距中持续出现才做标记。使用全时距记录法时，学生若在整个10秒钟的时距中一直有离座行为，才能被认为是离座。在部分时距记录法中，只标记时距中的某次或多次出现的行为。使用部分时距记录法时，学生若在10秒钟的时距中的第一秒，或是在10秒钟的时距中的最后一秒，或是在10秒钟的时距中出现多次离座行为，都可被认为是离座。需要警惕的是，全时距记录法可能低估行为的出现频数，因为行为必须在整个时距过程中持续存在才可被记录。然而部分时距记录法（partial interval recording）也可能高估行为的出现频数，因为行为可能只出现1秒就被记录下来，另外也有可能低估行为的出现频数，因为行为在某个时距中出现多次，但只记录一次。当我们去评估高频数行为时，时距记录法是比较适宜的，因为行为不会有很长的持续期。同样，时距记录法也适合低频数行为，因为行为在很长时间内的发生频数很低。此外，时距记录法还适用于那些没有明确开始或终止的行为，如不专注行为。无论是使用全时距记录法还是部分时距记录法，都需要持续的观察和数据记录，以及对时间距段的准确关注，做其他事情的同时又要做记录，对我们来说是非常困难的。所以，几乎所有的时距记录法都是一个观察者独立完成的，要事先准备好数据记录单，以及一个时间指示装置，如录好嘟嘟声音的磁带。数据记录单上基本上都是满满一页的时距，一行行的格子代表着相等的时间段。例如呈现 10 秒钟的时距，每页上的每一行有 6 个时距，一行则代表 1 分钟。

表 2.4　时距数据记录样例

被试：约翰　　　　　　　　　　　观察时段：10 分钟
目标行为：自由时间每分钟击打行为

日期	时间	\multicolumn{10}{c}{时距}	时距所占百分数
		1	2	3	4	5	6	7	8	9	10	
1/15	10:15—10:25	✓		✓✓				✓				30

瞬时时间抽样法（momentary time sampling）是时距记录法的一个变式，它不需要持续的观察。与时距记录法相似，观察时段被分割成等量的时距，时距的长度取决于目标行为的频数和持续时间。与时距记录法相似的是，时间样本用来预估行为的频数或出现（或没有出现）持续的时间。结果通常是由目标行为出现的时距的百分比得出的。瞬时时间样本最适用于记录高频数行为，如刻板行为，或那些持续时间较长的行为，如拒绝学习。虽然时距记录法需要持续观察，但是时间样本法仅需要观察一定的次数。使用瞬时时间抽样法时，目标行为只有在时距结束时出现，才会被记录下来。在时距记录法中，要用到录有嘟嘟声的磁带提供听觉信号，该时间间隔是预先设计好的时距的长度，然而在瞬时时间抽样中，听觉信号会提示观察者去观察在某个时间点上目标行为是否出现。时间样本法的好处在于其比时距记录法使用简单，也可以让研究者在做记录的同时从事其他活动，因为时间样本法只需要在某个时间点上观察目标行为。时间样本法的另一个好处就是能够跟踪多个个体的某一个目标行为，这可以用循环的形式（Cooper，1981），在每一个时距结束的时候观察某一个体。例如，在第一个时距结束时，观察者可以观察一个学生是否在做自己的学习任务；在第二个时距结束时，观察者可以去观察另一个学生是否在做自己的学习任务，等等。时间抽样法还可以和小组检查一起进行，就是说在时距结束时检查一个小组的学生是否在从事目标行为。例如，用这种方法可以比较目标学生与班里其他正在学习的学生。在每一个时距结束的时候，观察者都可以观察学生是否在学习。在下一个时距结束时，观察者快速地观察班里其他正在学习的学生，这样两种观察交错进行，既可以关注目标学生的学习状况，也可以关注班里其他学生的整体学习情况。用瞬时时间抽样法可以较为准确地计算出目标行为的出现频数，但可能低估以下行为频数：①在每个时距结束时记录，而目标行为可能在该时距内出现多次；②行为可能多次出现，但在时距结束时并不常出现（而这个时刻正是观察和记录行为出现的时候）。与时距记录法相似，使用时间抽样法时一般都要事先准备好数据记录单，上面有格子表示时距，并准备一个时间提醒装置，如录有嘟嘟声音的磁带。

正如前文所指，所有的非持续性测量方法都可能会导致对行为频数或持续时间的高估或低估，这被称为测量的人为现象。表 2.5 显示了使用全时距记录法、部分时距记录法以及瞬时时间抽样法所带来的记录上的显著差异。黑色的条形代表了采用持续记录法进行观察的时候被试实际发生目标行为的持续时间。全时距记录法显示被试发生目标行为的时距值为 30%，部分时距记录法显示被试发生目标行为的时距值为 70%。瞬时时间抽样法则显示被试发生目标行为的时距值

表 2.5 时间抽样程序各个方法的比较

时距	1	2	3	4	5	6	7	8	9	10	%
持续时间		■	■	■		■		■	■	■	
全时距记录	0	0	+	+	0	0	0	+	0	0	30
部分时距记录	0	+	+	+	0	+	0	+	+	+	70
瞬间时间抽样	0	+	+	+	0	0	0	+	0	+	50

所观察的连续时距

注：■ =在连续的持续时间内记录实际行为的出现情况
+=该时距内行为出现
0=该时距内行为未出现

资料来源：Cooper, J. O., Heron, T. E., Heward, W. L.(2007). *Applied Behavior Analysis(2nd edition)*. Allyn and Bacon/Merrill Education, Boston, MA. 2007, 版权归培生教育所有, 同意翻印。

为50%。然而，我们不能得出结论说瞬时时间抽样在这一个案中最为准确地评估了行为的出现率。以上只是简单地展示给我们，不同的记录方法导致的结果差别很大，因为观察时段内目标行为的分布是不同的。

这一个案为我们开发测量系统提供了两个重要的信息。第一，持续性测量是记录目标行为较为可靠的方法。第二，当资源有限，不能使用持续性测量的时候，研究者必须仔细考虑哪一种抽样方法能提供较为准确的预估信息去判断目标行为出现与否。这要求研究者确定需要多少个观察时段，观察期有多长，观察时距有多久，什么时候开始观察等信息，以此获得目标行为最有效的样本。

高级观察工具

计算机技术的最新发展带来了更为强大的数据记录系统的发展，并被用于应用研究领域（Thompson, Felce, Symons, 2000）。这些系统的使用方便研究者设计更为复杂的研究问题，并为研究者提供了必要的、更为高级的数据分析工具，以判断各种刺激物和背景事件对目标行为的影响（Kahng & Iwata, 2000）。这些系统依赖于大量的硬件设施，包括笔记本电脑（Kahng & Iwata, 2000）、掌上电脑和个人化数据处理器（PDAs; Emerson, Reeves, Felce, 2000）。此外，新近依据时距和时间抽样法的步骤开发了多种数据输入途径（如直接数据输入、条形码）（Kahng & Iwata, 2000）。计算机控制的观察记录系统为研究者提供了很多好处，包括收集多个目标行为和行为的前提以及后果刺激的数据，把数据下载到功能更高级的电脑上进行复杂的数据分析，以及快速总结数据分析结果。然而，这些系统也有缺点，如软硬件的高造价，观察者需要时间学会使用系统，以及需要技术支持来调试系统以满足某一具体研究数据收集的需要。虽然这些系统功能强大，但传统低科技的观察记录系统还是非常有效的，因为只需要极其少的资源（Miltenberger, Rapp, Long, 1999）。

计算观察者间一致性

在很多研究中，研究者或其助手要收集数据。但由于人为误差，会增加数据收集过程中的不一致性的概率。此外，虽然研究者竭尽全力对目标行为下操作性定义，保证测量系统的清晰性和准确性，但不同观察者对观察期间被试反应的评估是有差异的。研究人员可以使用观察者间一致性（interobserver agreement, IOA）判定测量程序的质量。IOA能够提升研究者对目标行为操作性定义的信心，保证观察到的目标行为的变化是干预导致的，而不是由记录数据的观察者主观判定的。

对于永久性成果的数据来说，IOA 是由一个观察者在两个不同场景中记录因变量的数据，或是由两个观察者记录的数据得出的。例如，观察者先给学生的数学作业判分，然后在另一个定好的时间再次判分。另一个方法就是两个人分别给学生的数学作业判分。两组成绩的一致性的程度，代表了测量程序的一致性。

通常，当采用直接观察收集数据的时候，测量程序的一致性是通过另一个观察者参与，也就是同时有两个观察者记录来实现的。测量程序的一致性是通过比较二者收集的信息的一致性得出的。

IOA 通常是由观察者间一致性的百分比表示的。有几种计算观察者间一致性的方法，包括永久性成果的一致性、频数-比率一致性、事件一致性、持续期或比率一致性、时距一致性（interval agreement），以及出现/未出现一致性。研究者所选择的具体方法，应匹配所测量的目标行为的维度以及数据记录的方法。

永久性成果的一致性

永久性成果的 IOA 是通过把每一次观察的一致性的次数相除，再乘以 100 得出的。在前文所述的例子中，如果观察者对作业的第一次判分为 15 道题正确，第二次判分为 18 道题正确，那么 IOA 为 83.3%（15/18=0.833×100%=83.3%）。若是两个观察者分别给学生的数学作业判分，也采用类似的方法。如果第一个观察者的判分为 14 道题正确，第二个观察者的判分为 15 道题正确，那么 IOA 为 93.3%（14/15=0.933×100%=93.3%）。

频数-比率一致性

当反应的频数或比率为最主要的因变量时，IOA 则是通过把第一个观察者记录的较小的频数除以第二个观察者记录的较高的频数，再乘以 100 得出来的。例如，如果第一个观察者记录行为的出现次数为 70 次，第二个观察者记录行为的出现次数为 75 次，IOA 为 93.3%（70/75=0.933×100%=93.3%）。

持续时间或潜伏期一致性

对于持续时间和潜伏期的记录，IOA 是用一个观察者记录的较短时间长度除以另一个观察者记录的较长时间长度，然后再乘以 100 得出的。例如，第一个观察者记录为 98 秒，第二个观察者记录为 100 秒，那么 IOA 为 98%

（98/100=0.98×100%=98%）。

事件一致性

事件一致性［有时又被称为点对点一致性（point-by-point agreement）］是观察者用来给被试单一行为的性质进行编码的 IOA 的方法（Kazdin, 1982）。例如，记录被试读常用词是否正确，或是完成穿衬衫这项任务的某些步骤是否正确的时候，就应该采用事件一致性的方法。此时，IOA 是通过把观察者记录每一事件的编码的一致性次数，除以编码的所有一致性次数加上不一致性次数之和的值，然后乘以 100 得出的。例如，如果两个观察者在观察期间给被试读常用词正确与否编码，IOA 就是通过计算观察者们对被试读每一个高频词正确与否的判定一致性或不一致性得出的。如果观察者们都认为学生有 9 个单词读正确了，但对 1 个单词读得正确与否判定不一致，那么 IOA 为 90%［9 次一致 /10（9 次一致 +1 次不一致）=0.90×100%=90%］。

时距一致性

时距或时间抽样数据的 IOA 计算是以点对点一致性的 IOA 方法为基础的，是观察者们对目标行为出现判定相一致的时距数除以时距的总数（判定一致的时距数加上判定不一致的时距数），然后再乘以 100 得出的。例如，一共有 100 个时距，两个观察者记录相一致的时距数为 90，另外 10 个为记录不一致的时距数，那么 IOA 为 90%（90/100=0.90×100%=90%）。值得注意的是，虽然两个观察者对同一个时距的编码是一致的，但不能代表他们在同一个时距内看到的行为完全一样（Tawney & Gast, 1984）。例如，两个观察者可能在某一时距内，观察到一个目标行为的两个不同的出现频数。

出现 / 未出现一致性

使用抽样一致和不一致性来计算时距和时间抽样法的 IOA 的潜在局限性，促使某些研究者采用更为严格的一致性方法，即出现 / 未出现一致性（Alberto & Troutman, 1999）。例如，如果一个低频行为在 100 个可能的时距内只出现了三次，两个观察者分别对目标行为记录了三次，但目标行为没有出现在相同的时距里，上面所述的计算方法可能会造成高一致性，但其实两位观察者对目标行为在什么时候出现的意见并不统一。由于目标行为没有出现的时距有很多，这样产生的"一致性"并不能真实地反映出 IOA 评估的有效性。出现 / 未出现一致性的计算方法和上面所说的计算方法类似，只是研究者要算出两个 IOA 数值，一个是行为出现的数值，另一个是行为没有出现的数值。

IOA 的标准

在判定一个研究中应有多少个 IOA 观察，或 IOA 应达到多高水平这一点上，没有任何实证研究能证实出有效的标准。专业人士的建议是研究者应该在观察期或干预期收集 20%～30% 的 IOA 数据。还有一点很重要的是，要在研究的每一个阶段都收集 IOA 数据（也就是基线期、干预期）。此外，IOA 数据应尽可能地随机收集。从惯例上来看，IOA 能接受的最小的标准是在所有的观察期取得均值为 80%～85% 的 IOA（Kazdin, 1982），建议研究者在所有的观察期应努力得到均值在 90%～100% 之间的 IOA。

若某一观察期的 IOA 低于 80%，研究者应该要警惕，有很多个可能的原因会导致无法实现 IOA 接受的最低标准（Kazdin, 1977）。第一，目标行为的操作性定义可能不清晰。这需要为观察者提供必要的培训，在进行自然观察时或通过录像片段分析给观察者讲解如何根据定义，判断哪些行为属于或不属于目标行为。第二个可能的原因是观察者的粗心大意。在这种情况下，目标行为的操作性定义可能会在一个或两个观察者心中发生改变。可以通过让观察者定期复习操作性定义，并鼓励其积极投入数据收集阶段的工作来避免发生疏漏。第三，数据编码系统本身的复杂性可能会带来一致性误差。如果需要同时观察多个行为或多个目标个体的时候，编码系统可能会变得更为复杂。为使一致性误差最小化，数据收集系统的简化在这一过程中十分重要，可以减少观察的目标行为或同时减少被试个数，但要保证必要的行为和被试数量，或者通过简化观察记录单上的编码机制来实现。最后，一致性误差还可能是在 IOA 收集时出现第二个观察者导致的。例如，由于第二个观察者的存在，另一个主要观察者可能改变其行为，如更为关注目标个体或目标行为，或增加了自我询问的次数来判定观察到的行为是否满足操作性的定义，这样可能会在一致性检验的时候改变数据收集的准确性。为了减少这种一致性误差，我们需要把 IOA 检查做得尽量隐蔽，或者在一致性检验的时候，把两位观察者的观察位置分开。

培训观察者

因变量数据的质量以及研究者建立数据信度的能力是靠观察者准确判定目标

行为并正确记录数据来完成的。如果观察者在研究实施之前接受了数据收集方法这一方面的严格培训，他们就可以完成这项任务。虽然没有培训观察者的最佳方法，但专业人员建议研究者和观察者应完成以下几步（Cooper, Heron, Heward, 2007; Tawney & Gast, 1984）：

  1. 开发一个观察者训练手册，提供每一个目标行为的清晰的操作性定义，包括行为数据记录的编码，以及观察程序的规定。

  2. 观察者应记住操作性定义以及编码机制，能够通过口头或纸笔测试熟练掌握这些信息。

  3. 观察者应该能够按要求在自然环境中，通过角色扮演或录像带分析，练习数据记录的程序。这个阶段的培训应该持续到观察者达到事先明确好的准确率标准。

  4. 观察者应该能够在自然环境中，和有经验的观察者一起收集数据，直到观察者达到事先明确好的准确率标准。

  5. 应定期采用 IOA 程序评估观察者数据记录的一致性。

测量干预的忠诚度

  要清楚地呈现自变量实验控制性处理，研究者需要能够在整个研究过程中利用文字记录，确保实际干预与预定计划的干预实施是一致的（Gresham, Gansle, Noell, 1993; Horner et al., 2005）。这是单一被试研究最需要关注的一点，因为要切实考虑在被干预的自变量上所需要花费的时间。程序出错，可能会导致干预时间的延长，这会给研究的内部信度带来极其显著的危害，还会影响研究者就干预对目标行为的影响所下的结论。为避免这一问题的出现，要在研究中定期评估干预的忠诚度（Peterson, Homer, Wonderlitch, 1982）。

  格雷沙姆等人（Gresham et al., 1993）建议研究者应通过几个简单步骤记录干预的忠诚度。首先，研究者应对自变量有一个详尽的操作性定义。这个定义应清楚地描述在研究的各个阶段，研究者对研究被试应采取哪些具体的实施步骤。也就是说，研究者应对干预本身进行"任务分析"，保证实施的各个步骤是可观察的，也是可测量的。有时候，需要详细地写出干预时所采取的每一个步骤的说明书（或文本），以便干预者实施干预。

其次，应对实施的干预进行评估，也就是说对干预的实施和研究者设计的操作性定义在多大程度上相吻合进行评估。例如，表2.6展示了麦克唐奈及其同事设计的干预忠诚度（fidelity）评估表，用来评估嵌入式教学对普通班级中发展性障碍学生的影响的一系列研究（McDonnell, Johnson, Polychronis, Riesen, 2002; Johnson & McDonnell, 2004; Johnson, McDonnell, Holzwarth, Hunter, 2004）。在这个例子中，一个研究者观察实施者实施嵌入教学的步骤。如果老师是按照事先描述好的操作性定义实施的，就记录一个"+"号，如果老师没有按照嵌入式教学的定义来实施，就记录一个"-"号。各个时段的干预忠诚度的百分比是把正确步骤数除以所有步骤数，然后乘以100得出的。

表2.6 干预忠诚度检查表

学生姓名：唐 教师：卡伦		在早期干预方案中所处的层次：II/2 日期：1/17				
环节方案的步骤		1	2	3	4	5
1. 按照计划或在一个自然而然的机会出现时，实施开展一个教学环节。		+	+	+	+	+
2. 改变教学材料。		+	0	+	+	+
3. 获得学生的注意。		+	+	+	+	+
4. 给予教学的暗示。		+	+	+	+	+
5. 实施指定好的延迟。		+	0	+	0	+
6. 实施控制性的提示。		+	+	+	+	+
7. 提供适宜水平的强化（没有提示或有提示）。 或：实施错误矫正步骤。		+	+	+	+	+
8. 在监控表上记录环节实施情况。		+	+	+	+	+
正确的百分数（正确步骤的总数/总步骤数×100）		37/40×100%=92.5%				

资料来源：McDonnell, J., Johnson, J. W., McQuivey, C. *Embedded instruction for students with developmental disabilities in general education classes.* CEC, 2008, vol.6, p.56. 版权归美国特殊儿童委员会所有，同意翻印。

最后，研究者需要充分收集干预忠诚度的数据，以便获得所有干预阶段的一个有显著代表性的样本。虽然没有实证证实的规则来规定要进行多少个忠诚度检查的观察，但一般建议这一标准可以通过因变量的IOA计算出来（Peterson et al., 1982）。一般而言，我们建议最少要对所有干预时段的 25% 进行考察以得到干预忠诚度。因为要确保干预的一致性，控制好实验的进行，干预忠诚度的值要尽量地高。研究者应努力保证每一个阶段，忠诚度的值在 90% 或更高的水平。如果不能达到这一标准，研究者则需要采用额外步骤，对干预的步骤进行明确的操作性定义，并且培训干预者正确实施干预。

测量社会效度

社会效度的概念最先进入干预研究的时候，用来判定干预结果是否能带来社会性的重要意义，能否对接受干预的个体带来生活上的改变（Kazdin, 1977, 1980; Wolf, 1978）。专业人士一直呼吁评估干预的社会效度应采用两个方法。第一个方法是获取那些直接受到干预实施影响的研究被试或他人的主观陈述性报告。这是为了获得被试对干预重要性、可接受性以及持续性的感受。第二个方法就是在某一场景中，比较被试的表现与其他个体的一般表现（Van Houten, 1979）。例如，比较普通班级中残疾学生与健全学生的"学习积极性"或"学业成绩"（如 Carter, Cushing, Clark, Kennedy, 2005; McDonnell, Thorson, Allen, Mathot-Buckner, 2000）。如果被试的行为和对照组个体的表现相近，干预的社会效度就建立起来了。尽管社会效度的评价被广泛认为是单一被试研究设计质量的一个重要指标（Horner et al., 2005），但回顾以往的研究文献后却发现，在发表的研究报告中，该指标并没有被经常提及（Carr, Austin, Britton, Kellum, Bailey, 1999）。

评价社会效度的一个广泛采用的方法是其主观性评估。虽然有社会效度评估用的标准化量表［如《行为干预评定量表》（*The Behavior Intervention Rating Scale*），Elliott, Treuting, 1991］，但在很多个案中，研究者还是会自己开发一个最适合干预方案、被试以及研究场景的评估方式。对社会效度进行主观性评估的步骤是比较简洁直接的：

1. 确定被试群体。很明显，最重要的数据来源是研究被试群体，他们是获取评估干预效果和可接受与否等信息的最佳提供者。在很多情况下，从实施干预的研究者那里获取社会效度的数据同样重要，以此评估干预在自然环境中的可行性和持续性。还需要获取那些没有直接接受干预或实施干预的那些人的信息，如家长、同伴和其他社区人员。

2. 选择数据收集的方法。有很多策略可以收集被试关于干预的社会效度信息，如问卷、被动式选择法、结构化访谈以及开放性访谈（Kennedy, 1992）。每一个方法都有自己的优势和劣势，关键是要选择最合适的方法，能让研究者以最有效的方式，获得关于干预的影响的全面信息。

3. 分析和报告数据。有效使用社会效度数据的关键在于把其放入到研究的实证结果数据中。比较常见的是，社会效度数据被直接报告出来，而没有和研究问题及结果联系起来。研究者至少应该讨论社会效度数据如何影响了该研究的最主要结果，如何影响了这个结果在其他个体、行为、场景中的泛化及其对实践的意义。

结束语

高质量的单一被试研究都需要采用各种保证数据收集有效和可信的步骤（Horner et al., 2005）。这包括对目标行为有个清晰的操作性定义，选择适宜的测量手段帮助研究者全面描述目标行为的变化，实施 IOA 以便研究者以文字记录因变量数据收集的一致性，采用各种手段来保证自变量在不同的被试、行为或场景中实施的一致性，还要收集关于干预是否带来社会性重要意义及其能否在一般性的干预场景与资源下持续实施的信息。研究者对以上每个议题能否做出有效的判断，对研究项目本身的内部与外部效度，以及对研究和实践能否产生贡献意义是非常重要的。

第3章 单一被试研究的内外部效度、基本原则及实施程序

先前的章节已经涉及需要事先完成的基本步骤，以正式展开单一被试的研究工作。这些基本步骤包括定义因变量、建立数据收集系统、训练观察者或者数据收集者，以及谨慎定义和设计干预策略。其他方面，比如获得适当的审查和批准、招募被试、获得知情同意书等，将在第5章详细阐述。这部分也涉及如何选择一个合适的研究设计，以使正在考虑的问题能够被很好地解答。随后的章节将提出并讨论单一被试研究可选择的基本设计方案。其中一些研究设计仅对某一被试个体长期研究，进而发现其随时间发展变化的差异，以此证实一种功能关系。而其他研究设计多倾向于从**跨被试个体**的差异的角度展开研究（Kazdin, 1982）。

第1章中我们已经阐明，在实验设计背景下进行研究的主要目的是，使研究者得出关于自变量与因变量或多个自变量与多个因变量之间的关系的结论（Hayes, 1981）。也就是说，实验设计允许对问题的研究通过排除对**内部效度**（internal validity）和**外部效度**（external validity）的威胁，以证实一种**功能关系**。本章将具体讲述内部效度和外部效度、单一被试研究设计的基本原则以及一般程序特征等问题。

内部效度

一个研究的内部效度指的是这样一种可能性，即所测量的因变量或行为表现的变化，确实是由自变量或干预引起的。我们需要确保干预或者自变量对观察和测量的因变量或行为表现的变化有效果（Drew, Hardman, Hart, 1996; Kennedy, 2005），就是说，观察所得行为表现中的任何变化不是由于未加控制的变量、无关变量或来自被试方面的影响因素引起的。例如，假设一个学校心理学教师试图评估一个有注意力缺陷多动障碍（ADHD）的三年级学生在完成任务中自我监控策略的影响，这种策略可能会包括需要学生每两分钟对行为进行自我评价，并

在自我监控记录表上记录其是否仍专注于任务或已经分心。有研究已证实这种干预在课堂情景中对专注行为和任务完成有积极的效果（Wehmeyer, Agran, Hughes, 1998）。然而，学校心理学教师可能并不知道，家长近期请了家庭医生为学生开药，目的是改善学生的行为，那么药物的效果也成为研究观察所得的学生行为表现改变的其他原因解释。因此，这对研究的内部效度也构成了威胁。

上述案例正是影响内部效度的重要因素之一，即**历史效应**（history effects Campbell & Stanley, 1966）的一个例子。

发生在研究的场景或情境之外的事件也可能对被试的行为产生影响。例如家庭状况的改变（如离婚）、课堂或学校中不可预料的变化（如一个代课老师）、更大的环境事件（如飓风）以及被试身体机能的改变（如睡眠问题、用药改变）等。

成熟效应（maturation effects）是指由一般的发展过程导致的被试行为的改变，如身高、体重的变化或智力的发展等。例如，一项研究关注于加速发展残疾儿童的语言，那么观察所得的变化到底是由干预或自变量的操纵，还是基本的发育过程导致的，研究者想从中得到一个结论是十分困难的。

测验或练习效应（testing or practice effects）成为一个影响内部效度的问题，发生于这样一种情况下，即当被试再次处于某一评估经验影响之下，导致他们的行为表现发生了变化。例如，重复给小学生同一组拼字任务，可能会使他们自发学习单词，而这种表现与试图改善他们拼写能力的干预无关。

测量或工具效应（measurement or instrumentation effects）发生于这样一种情况，即当行为表现的明显变化实际上是由测量过程或测量系统造成的。例如，测量学生在学校餐厅或校车上发出的噪声时，分贝表有可能发生故障，这就可能导致评估人员做出行为干预产生了效果的结论，然而实际上测量所得的变化是由测量工具的问题造成的。同样，观察者对人们出现行为事件的理解和分类，可能随着时间推移而发生变化，这也会导致结果数据的改变（参见第2章）。

回归平均值（regression to the mean）可能也会成为内部效度的一个威胁，尤其当被试的选取是由于他们在某一行为维度中异乎寻常的表现。例如，在专注行为或任务完成情况的研究中，或在关注高频率的攻击性或破坏性行为的研究中，被试有可能表现出非常低的初始水平。若这种表现并不具备被试"一般"行为的代表性，随后被试的行为回归到普通水平，这样可能会被误认为这种效果是由干预造成的。但是，此类回归在多次重复测量的研究过程中成为问题的可能性可以变小（参见下文）。

选择偏倚（selection bias）主要与组间比较设计方法有关（参见第1章）。在这种情况下，观察所得的组间差异是由组间被试的最初选取和分配导致的，其结果是呈现出组间不同的特征和表现水平，即观察得到的差异源于选择和分配被试的过程，而不是干预产生了效果。此类问题一般不会在单一被试研究中出现，因为在单一被试研究中一般不使用组间比较。

被试流失效应（participant attrition effects）是指某些被试不能完成整个研究过程，而对实验产生影响的情况。这可能是由很多原因造成的，如被试搬到另外一座城市，或者父母由于时间限制决定让学生中途退出实验。组内被试的这些变化都有可能影响到研究结果。被试缺失对组间比较设计和单一被试类型实验均产生影响，尽管它更有可能成为组间比较设计的隐患。在单一被试情境下，被试缺失可能在很多方面产生问题。例如，在一项研究中最初有五个被试，但有两个被试由于很多其他方面的原因中途退出了这个研究。如果这两个被试没有因为研究的干预而产生积极的效果，但剩下的三个被试却因研究的干预产生了积极的效果，这将导致对研究结果的解释出现偏差。

当被试接受了一部分或所有方面的干预，而实际上他们本不应该接受这些实验处理时，实验**处理的扩散**（diffusion of treatment）将会威胁研究的内部效度。思考这样一种情况，如果对表现出社会退缩的学生在一个运动场情境中实施提示和强化的干预，以提高他们的社会互动能力，那么没有接受干预的学生（也就是在基线期条件下——见下文）可能会观察到其他参与到社会互动中的学生接收到了提示和积极反馈，而可能因此改变自己的社会行为，改变他们在基线期的原有表现，并产生数据的变化。

最后，**多重处理干扰**（multiple-treatment interference）是指被试将接受某个序列的一个以上的干扰的情况。如果以系统化和控制化的方式（参见第10、11章）实施多重处理，那么我们就不可能得出关于究竟是其中哪个实验处理对所观察的行为变化产生了效果的结论。

多种形式的单一被试研究设计，包含了多种特征（如同一被试和跨被试复制），都能控制住上述提到的对内部效度产生的各种类型的威胁，并且允许得出功能关系的结论。

外部效度和复制

之前讨论的各种威胁潜在地影响研究中观察所得的功能关系的自信程度，也就是说，它们能决定行为表现的干预和变化之间是否有因果联系。**外部效度**关注于实验研究结果如何推广到其他情景的研究中。当应用于其他类型的个体、情境和行为时，可能出现什么样影响的结果？限制这种普遍性和一般化的因素被认为是外部效度的威胁。

外部效度的概念扎根于组间比较和统计推断的方法（Kennedy, 2005）。在一项研究中，被试群体越大，目标总体越具有代表性（如市中心学校的中学生），那么研究的外部效度越高。然而，研究者更为重视和关心的是，组间比较设计研究如何有效地在目标总体中选取足够的样本以及之后随机分配样本中的被试之类的问题（如 Barlow&Hersen, 1984）。与之相反，单一被试研究按照传统的方法通过实验效果的**复制**（replication），包括实验之内和跨实验效果的复制，来建立外部效度。西德曼（Sidman, 1960）界定了两种不同类型的复制方法以建立外部效度或可泛化程度：直接实验复制和系统实验复制。**直接实验复制**包括与原始实验中相同类型的被试、情境和程序。**系统实验复制**做出一些改变，包括选择一种或更多类型的被试、情境和/或程序。

正如第 1 章所提到的，在某些研究中，术语"单一被试设计"被误读了，而这些研究通常使用包括几个小样本组被试（如 3～5 人）的方法。单一被试设计允许在一个给定的实验中多次直接实验复制实验效果（Horner et al., 2005）。随后的实验在被试的类型、情境、变化中介以及程序等方面做了一些改变，这样可以在调查研究中为干预程序的泛化效果提供进一步的证据。例如，早在 19 世纪 60 年代初，实证研究就开始论证结构化的行为干预程序在增加孤独症儿童的学习行为、社会行为和沟通行为方面，以及减少他们的问题行为等方面是有效的（Lovaas, Koegel, Simmons, Long, 1973）。这些工作大部分在有医疗条件环境的医院或大学里开展。随后的研究证实了这些程序可以教给教师和家长，并被他们有效地运用到学校、家庭和其他情境中（Koegel, Glahn, Nieminen, 1978; Koegel, Schreibman, Britten, Burke, O'Neill, 1982），这样也就证实了此项干预的一般化或外部效度。

最近我们致力于说服联邦政府对单一被试研究给予适当考虑，使其在普通教育和特殊教育中应用，因为它对判定循证实践有极为重要的作用。第 1 章中提到，霍纳等人（Hormer et al., 2005）描述了一系列质量指标应用于针对个体评估的研究（如自变量和因变量的操作性定义，对威胁内部效度的因素的控制）。另外，他们还为"循证"实践或干预提出某些参数（这对于相关人士来说，考虑是否采用这些指标和参数等是十分有价值和意义的）。这些指标有：①最少有五个满足方法标准、有实验控制性的单一被试研究报告发表在同行评审期刊上；②这五项研究必须来源于至少三个不同的研究者或研究团体,并且来自于至少三个不同的地理位置;③五个及以上的研究必须最少包括 20 个被试。虽然这些标准如何评估乃至研究者和政策制定者如何实施尚未可知,但我们仍然感到十分振奋,因为单一被试设计被视为十分重要且有潜力的方法,对于判定有效实践有着不可推卸的时代责任(Odom et al., 2005)。

单一被试设计的基本原则和程序

在先前的章节中我们已经提及过一些原则和程序了。然而,在讲述下一个具体设计方法之前,对这些原则和程序进行完整总结是必要的。

较少的被试数量

完整的单一被试设计实验的实施可以仅有一个被试。而一般来说,单一被试实验研究需要一个小样本组被试(如 3～5 人)。正如之前所提到的,单一被试设计允许展示批判性复制的实验效果。通常来说,被试是最初级的分析单位;也就是说,将每一个被试作为他/她自己的控制,以便使被试的行为表现在至少一个基线期(无干预)和一个干预期之间作比较(Baer, Wolf, Risley, 1968; Horner et al., 2005)。在某些情况下,要对更大的被试集合进行行为表现的测量时,样本组可以起到分析单位的作用。例如,有研究人员(Kartub, Taylor-Greene, March, Horner, 2000)评估了为减少中学生穿过建筑物走廊发出的噪声而设计的一系列策略的效果。主要的因变量是按分贝计算的噪声水平,通过放在走廊的分贝表测量。即使遵循了单一被试实验设计的形式(组间学生的多重基线),在这种情况下分析单位应是三个更大的样本组。

长期的重复测量

第 2 章讲解了制定操作性定义的关键步骤,以及如何可靠地测量感兴趣的因变量的主要过程。在单一被试研究中,从被试进入研究至研究的不同阶段,研究者都需要对因变量进行长期的重复测量。单一被试设计允许对被试行为表现进行持续性的评估,也允许做这样的决定,如考虑何时进入下一阶段等(参见第 4 章)。一般来说,对每个被试数据的收集大约为每周 3～5 次。某些情况下,"检查性"的测量需要根据具体情况以及因变量的状况,不那么频繁地实施(如每周一次;参见第 7 章)。

图表和数据的视觉分析

第 4 章将详细阐述，单一被试设计的最初数据分析策略是图表形式的视觉分析。之前曾提到过，研究者能够利用长期收集的图表数据持续评估被试的表现，并且必要的时候在研究中做出决定。当实施研究时，研究者能够实时评估数据，也是其需要掌握的重要技能。

自变量的完整性

在数据收集过程中，确保对感兴趣的因变量的测量记录信息是可靠和有效的，这十分重要。然而，正如第 2 章中所言，就像研究者所预期的那样，用文字记录正在实施中的自变量或干预的忠诚度在近几年慢慢发展起来（Gresham, Gansle, & Noell, 1993）。为得到一个关于变量间功能关系的清晰结论，能够用文字记录干预是如何在研究过程中持续实施的，是非常重要的。

初始基线期评估

大多数（不包括全部）单一被试研究始于一个初始期，即在计划的干预和自变量没有实施之前的时期。基本思想是能够在一般情况下，了解被试当前的表现。基线期起着**描述和预测**的功能（Kazdin, 1982）。基线期数据能提供描述性的信息，如目标行为多久发生一次，和/或这些行为能够持续多长时间。基线期数据还能够提供允许我们预测的模型，例如若不再实施干预，行为表现将如何持续。一旦数据相对稳定（参见第 4 章），便可以实施干预，并将结果数据的模型与基线期预测的模型进行比较（Bailey & Burch, 2002）。图 3.1 提出一个假设性的范例，呈现了在社区治疗计划中，一个青少年每天淫秽言语表现的频数。在这个例子中，我们能看出多日以来他的言语表现是相对一致的，这使我们能够预测在随后几天他的言语表现可能发生的频数，这个模型将与干预实施后的模型相异。

注意从"各个形态和程度"来考虑基线期是非常重要的。在基线期，大多数参与实验的被试在他们感兴趣的家庭、课堂或其他社区场景中，体验到不同类型的互动和活动（也就是说，他们不会待在那里什么也不做）。在基线期能够全面地描述出现的人、情景、互动和活动是非常重要的。这能从根本上使读者和其他研究人员清楚地理解最初的基线期情况，以及当干预实施时它是如何改变的（Kennedy, 2005）。

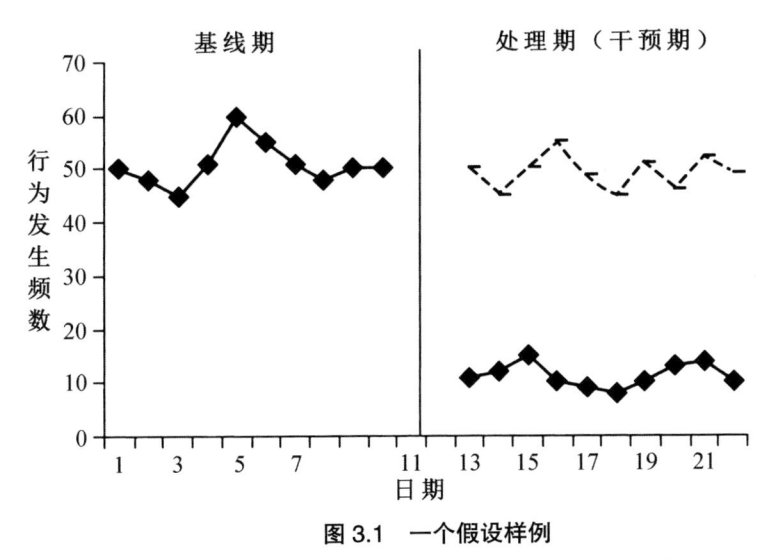

```
                基线期              处理期（干预期）
     70
     60
行    50
为    40
发
生    30
频
数    20
     10
      0
        1  3  5  7  9  11  13  15  17  19  21
                      日期
```

图 3.1　一个假设样例

预测的数据路径（虚线）与干预实施后得到的实际数据路径（菱形的实线）之间的对比

通过效果的复制来实现实验控制性

单一被试设计通过在不同方面实现实验效果的复制，来控制研究的内、外部效度的威胁因素（参见前文讨论，Sidman, 1960）。采用这种实验设计可能要在被试内或被试间（跨被试）进行。为使结论更具说服力，至少要有三个时间点才能体现清晰的实验效果，这已在该领域达成共识（Horner et al., 2005; Kennedy, 2005）。从被试内角度来看，这意味着因变量或实验效果自最初基线期至最初干预期发生一个变化，之后从干预期至第二个基线期又发生一个变化，然后再从第二个基线期至第二个干预期发生一个变化（A-B-A-B 设计；参见图 3.2 和第 6 章）。在其他设计中，诸如跨被试或跨行为的一个多重基线设计（参见第 7 章），则需要体现出三个不同被试或行为的改变。某些情况下，也会出现被试内和跨被试效果的结合。

行为、程序和结果的社会效度

如第 2 章所述，社会效度强调实验中目标或目标行为的社会重要性、采用程序的可接受性和实验结果的意义（Bailey & Burch, 2002; Kazdin, 1997; Wolf, 1978）。正如之前所言，社会效度在应用性研究中十分缺乏（Kennedy, 2005）。假设研究者至少判定了需要改变的目标行为，而这些目标行为对被试和相关人士（如父母、教师等）来说非常重要，那么研究者至少要试图评估所采用程序以及实现的结果的可接受程度（Schwartz & Baer, 1991）。

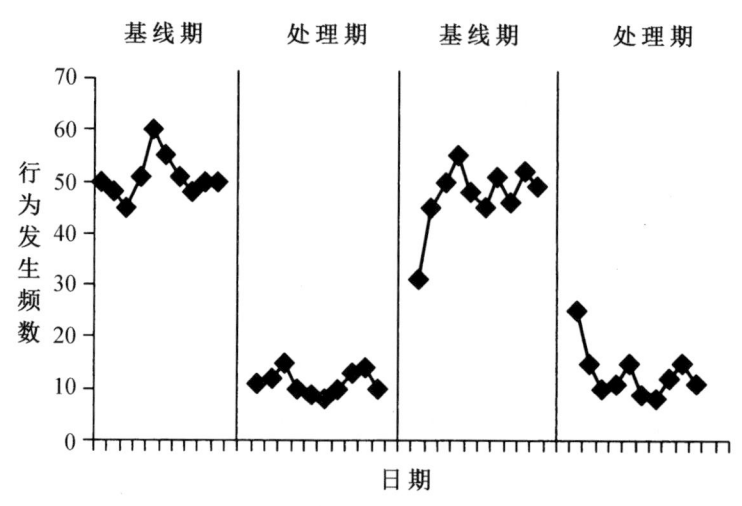

图 3.2　A-B-A-B 设计的假设样例：行为表现变化的三个时间点（基线期到干预期；干预期到第二基线期；第二基线期到第二干预期）

一种灵活和动态的研究方法？

1956 年斯金纳发表了一篇名为《科学方法中的个案史》的论文（"*A Case History in Scientific method*"，Skinner, 1956）。在论文中，他试图从某些个案研究出发，说明科学研究如何成为一个混乱和偶然的过程。斯金纳阐释了他采用的科学方法的非正式原则，诸如"若你对某事感兴趣，那就放下一切，并认真研究它"等（p.223）。很显然，这些原则在应用性情境中，如课堂以及其他社区场景，可能不会总是适宜的，因为在这些情境中，试图改善个体生活的研究活动都会涉及被试和其他代价。然而，单一被试研究拥有一个经常被提及的优点，即它有时可使研究者更容易适应来自被试以及研究情况的变化（Kazdin, 1982）。也就是说，单一被试研究能在不威胁内外部效度的前提下，调整正在进行的研究工作和实验设计的某些方面。海耶斯（Hayes, 1981）称其为"研究性游戏的态度"（p. 424）。多次重复性测量所得的数据应该图表化，并且经常予以评估，以做出某些可能需要的改变决定（参见第 4 章）。在接下来的章节中，将会用一些范例来讲解单一被试这种灵活和动态的方法。

提及设计的要素时应当注意的术语

通过对这些设计的不同时期的基本描述和讨论，单一被试研究设计的规范慢慢发展起来。例如，字母"A"特指一个基线期，字母"B"则指的是某些类型的干预，如将在下一章节中讨论的 A-B-A-B 设计（Bailey & Burch, 2002）。在设计中，若包括一个以上的干预，这些干预会以随后的字母如"C""D"来表示（如 A-B-C-B-C 设计；Hayes, Barlow, Nelson-Gray, 1999）。

第4章　理解数据：使用图表分析和解释数据[①]

想必大家都听说过"一幅图像胜过千言万语"，这一说法用在实验操作过程中的数据分析上面再适宜不过了。其实在行为科学和社会科学研究领域，使用视觉呈现或图表展示的方法进行数据分析已有很长的历史了（Smith, Best, Cylke, Stubbs, 2000; Tufte, 1983, 1990）。史密斯及其同事认为，使用图表来展示数据符合生物学，尤其是心理学等科学领域的"刚性"或实证性和客观性特征（Best, Smith, Stubbs, 2001; Smith, Best, Stubbs, Archibald, Roberson-Nay, 2002; Smith, Best, Stubbs, Johnston, Archibald, 2000）。此外，史密斯等人（2002）还指出，"图表使得研究结果得以用一种更简洁的方式进行呈现，更具说服力"（p.749）。

正如第3章所言，通过图表或视觉呈现的方式分析数据已经成为单一被试研究的标志（Baer, Wolf, Risley, 1968）。如此强调这一方法首先是因为行为研究必须证实干预的有效性，即目标行为在社会意义方面发生了重要的变化。我们要通过对不同场景和阶段的研究数据进行视觉分析，对这些变化进行考察（Parsonson & Baer, 1978）。其次，只要视觉和图表呈现的内容已展示或发表（参见第11章），那读者们就可以对这些数据结果进行分析，从而得出自己的看法和结论。这与组间比较设计和其他统计分析大不相同（参见第1章）。

本章将介绍用图表来分析数据的目的及其特征、具体分析过程以及视觉分析过程中的一些统计分析方法等相关信息。[②]

[①] 本章由华盛顿大学的欧文·怀特（Owen White）和犹他大学的罗伯特·奥尼尔共同撰写。

[②] 原注：若想了解更多具体信息，Parsonson & Baer（1978, 1986, 1992），Parsonson（2003），以及Tawney & Gast（1984）的研究会有更多关于该类数据分析的深入解析和描述。

以图表形式呈现数据的目的与特征

对于研究者本人和读者来说，用图表呈现数据是一个不错的选择（Poling, Methot, LeSage, 1995）。表4.1列出了用图表呈现数据的优点。通过绘制图表，以视觉分析呈现数据的方式可以让研究人员在研究过程中做出判断，并在研究结束的时候评量整体效果。只要结果数据一经展示或发表出来，读者们可以根据对图表的理解得出自己的分析和结论。

表4.1 利用图表分析数据的优点

1. 展示整体实验设计；
2. 展示实验场景的顺序；
3. 展示在不同场景所用的时间；
4. 标明自变量和因变量；
5. 在数据收集过程中组织信息，方便决策判断；
6. 翔实、充分地展示了自变量与因变量之间的关系；
7. 没有参与这项研究的人可以（通过展示或发表的研究成果）独立地对数据进行评估。

以图表形式呈现数据的典型特征

图4.1呈现了一个典型的单一被试研究设计（Lee & Odom, 1996）。这些简单的图表呈现了两个孤独症小学生的刻板行为（摆弄手指、咬东西）以及与同伴社交互动行为的出现频数。该研究采用基本的A-B-A-B设计或移除设计（withdrawal design，参见第6章）。这类研究设计的特点是，在干预介入之前，对被试的基线水平期的数据进行一次收集，之后介入干预，即通过对正常发展的同伴的训练，使其主动和孤独症儿童进行社交互动，观察孤独症儿童的行为。在进入第二个基线期（A阶段）后，干预被移除，然后观察被试的情况，待稳定之后，再进入一个干预期（B阶段）。

该图详尽地呈现了一般单一被试研究设计的基本元素，包括纵轴和横轴（又称纵坐标和横坐标），它们分别代表了因变量（纵坐标——刻板行为或社交互动行为出现的百分比）和研究的时间先后顺序（横坐标——推移的日常时段）。研究的不同情景或阶段（也就是基线期和干预期）主要用实体的竖线进行分割。各阶段的标记标明了不同研究阶段的主要内容（即基线期还是干预期）。社交互动行为的数据点用白色黑圈的圆点配上连接的实线来代表，刻板行为的数据点则用

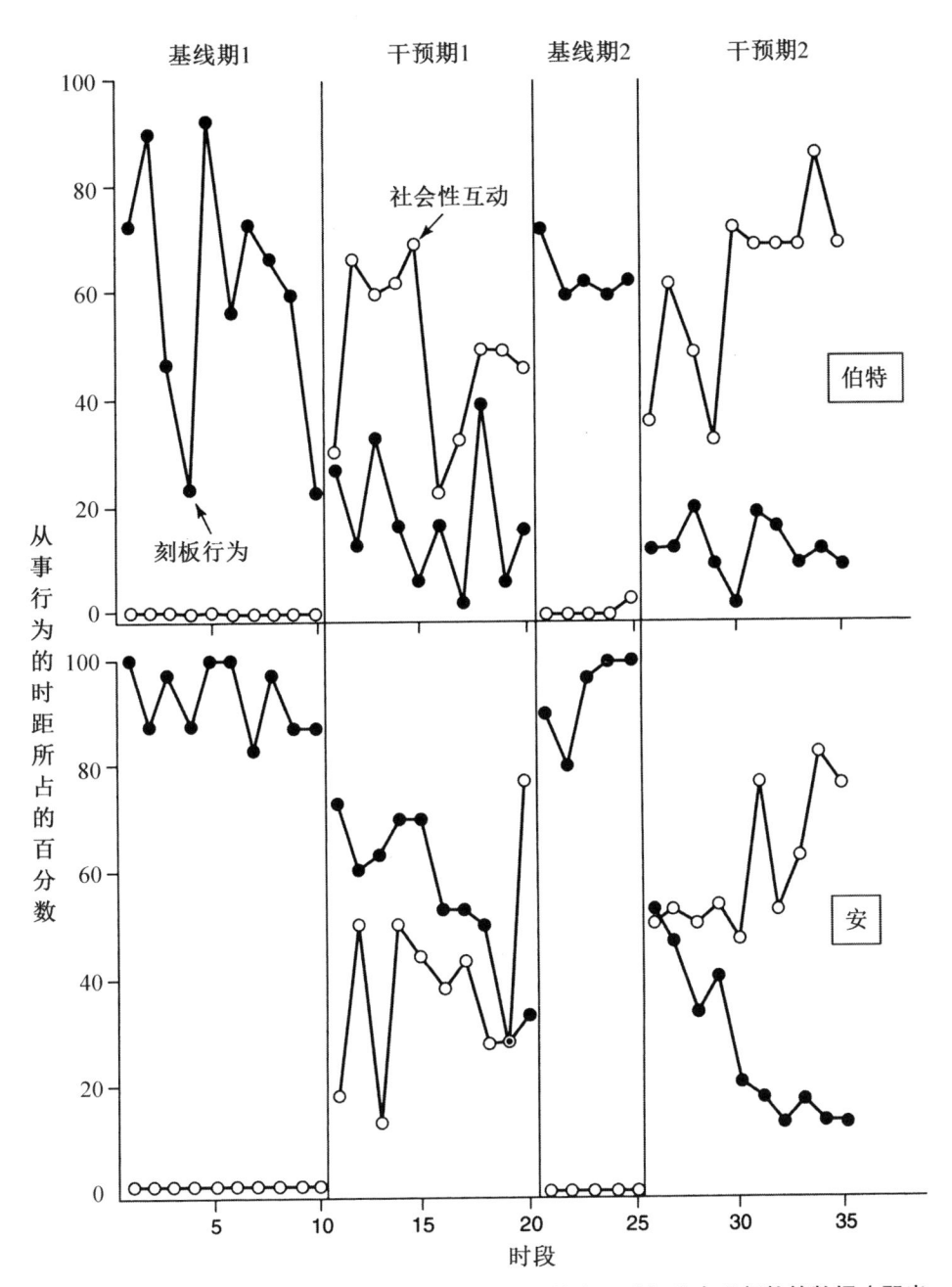

图 4.1 该图展示了两名孤独症儿童刻板行为和社交互动行为出现频数的数据（即出现时距所占的百分比——参见第 3 章）

资料来源：Lee S. & Odom S.L., The Relationship Between Stereotypic Behavior and Peer Social Interaction for Children with Severe Disabilities, *Journal of the Association for Persons with Severe Handicaps*, 1996, vol.21, p.93. 版权归美国重度残障人士协会所有，同意翻印。

黑色黑圈圆点配上连接实线来代表。[①] 当有一个以上的因变量时，就要像这样使用不同的符号来代表（如实心和空心的圆圈、三角形或正方形）。图 4.1 还有箭头并配有说明语，指明两个不同的数据点/路径。有时候，图表还会用小方框配上图例和图标，标明不同的数据路径和各自的说明。图 4.1 的底部还附有文字说明，介绍了该图所表现的研究内容。

图表呈现的一些原则

一些学者就如何适宜地、正确有效地用图表呈现数据提出了一些重要的使用原则（Sharpe & Koperwas, 2003; Tawney & Gast, 1984; Tufte, 1983, 1990）。例如，有人（Poling, Methot, LeSage, 1995）建议纵坐标和横坐标的比例应该约为 2∶3，这样方便数据路径的展示（如纵坐标为 5 厘米的话，横坐标约为 7.6 厘米）。如果在一张图上展示过多的数据路径则会造成信息量过多，也不利于作者进行解释。在一个图中，最好不超过三条数据路径线，除非它们能够清晰地分割开来，表示不同的表现水平与内容。若是在一张图中有多个小图或板块图的话（如图 4.1 有两个小图），就需要注意各个小图的纵坐标的计量单位须一致（Kennedy, 1989），否则读者或观察人员会认为多个小图展现的是一个目标行为表现的不同水平，而实际上却并非如此。图 4.2 就展现了这一差异。两个小板块图都展示了数学题的解答正确率的百分比，第一阶段是接近于 0%，而第二阶段约为 25%。然而，仅仅是由于两个纵坐标计量单位的不同，上面小图呈现的变化幅度看起来远远大于底部小图呈现的变化幅度。

上文所列出的参考文献可以为读者提供更多关于如何正确制作图表展示方面的资料。此外，表 4.2 列出了在应用行为研究的重要期刊《应用行为分析》上提出的关于利用图表展示等方面的一系列指导性原则。

近年来，一些计算机程序的开发使图表展示工作变得轻松了许多。凯尔和伯克霍尔德（Carr, Burkholder, 1998）描述了如何使用微软的 Excel 软件制作图表的基本步骤。虽然使用这类软件并不一定意味着图表展示工作变得多么容易，但它们的确使图表的绘制变得简单，也使数据结果更容易被研究人员和实践者所理解和接受。

[①] 原注：数据点以及连接线有时又称为数据路径（Tawney & Gast, 1984）。

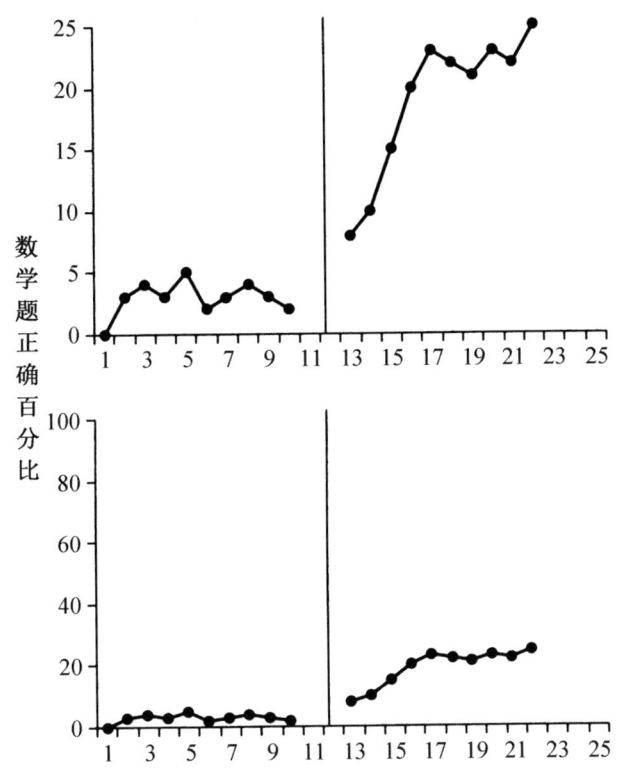

图 4.2　该图展示当纵坐标计量单位不同时，两个连续阶段的数据路径呈现出的差异

以视觉/图表呈现分析数据的步骤

在研究的过程中我们可能随时会用图表来呈现数据。如表 4.1 所列出的，随时收集数据、描绘数据点（每一个数据都会被采集）的功能之一就是利于研究人员/实践人员决定什么时候从基线期转到干预期（或反之），抑或从一个干预期到另一个干预期。另一功能就是在研究结束之后，可以在会议或杂志发表的论文上公布研究的进程和结果，这样的图表呈现可以有助于他人：①审视和分析数据，并且可以就图表是否展现出功能关系自行下结论；②评估任意一个显性行为变化的社会或临床重要性。不同的研究人员（Horner et al., 2005; Horner, Sugai, Swaminathan, Smolkowski, 2008）最近列出了利用图表呈现数据进行综合分析所需要解决的一系列问题及其步骤，详情见表 4.3。

表 4.2 《应用行为分析》杂志提出的图表绘制的指导性原则

图表绘制的指导性原则

图表应该遵循以下要求：
1. 大小与比例

    图的范围应该在《应用行为分析》杂志印刷版面之内：
    - 高度为 19.6 厘米
    - 单柱宽度为 7 厘米
    - 双柱宽度为 14.6 厘米
    - 宽高之比：
        单柱 1：2.8
        双柱 1：1.3

    当作者占用整幅页面作图时，需考虑缩小图，为图例留出空间。如果不允许留出足够的空间，请缩小图、调整图例，或使图例出现在该页的脚注中。

2. 缩减

    为了确定适宜的字体大小、线的宽度以及数据点的清晰度，图最好缩为单柱宽度或者双柱宽度。请按照上述大小比例提交图表，以便编辑人员和审阅人判断其准确性。如果您在纸面上已经设置好了图的大小，可通过图片工艺技术（photomechanical transfer, PMT）以及拍摄图片进行调整，缩减图的大小且保证图的准确度和高质量。

3. 图例

    对单柱图的图例来说，一行最多为 52 个字符和空格键。对双柱图来说，一行图例则为 107 个字符和空格键。每个图例的高度为 0.35 厘米。此外，在该图例和图表之间应该有 0.35 厘米的空格行的距离。

4. 字母

    不要采用矮宽、深色的黑体字，应采用高细的字母样式和数字。最好都使用大写字母，但需要的时候也可使用小写字母。空间适宜的时候，最好使用大号的小写字母，因为如果都使用大写字母，会让字体看起来非常小而且很难阅读。

5. 数据点

    数据点的连线必须很细，大小适宜，这样缩减图表的时候就不会让其变得模糊，也不会把空心的圆圈、三角形、正方形图标变成实心、扭曲的样子。

6. 坐标和线条

    坐标的线条不要过粗，因为这样会让高细的字母和数据点不明显。连接数据点的线和表述原理功能的线条都不要过粗，这样会忽略数据点的存在，抑或让数据点变得模糊。在横纵坐标上都要标识出计量单位，并留有充足的间距，这样可以完全地展示横纵坐标的数据点。注意两个坐标之间为 90 度直角，并都有与之平行的图标。

表 4.3 利用视觉 / 图表呈现数据进行综合分析之步骤 / 问题

1. 第一个问题：研究所涉及的基本的因变量、自变量是什么？
2. 第二个问题：研究设计是否阐明了如何对自变量进行实验控制？
3. 第三个问题：数据的变化能否充分地体现出是对各个自变量的操作与控制的结果，例如改变水平变化、趋势展现、变化性、效果的即时性等？
4. 第四个问题：若展现出自变量与因变量之间存在功能关系，那么这能否说明具有对目标行为产生影响的社会效度？

第一个问题：理解研究所涉及的基本变量

分析通过视觉展示的数据的第一步就是审视图表，判定研究所涉及的基本变量是什么。如表 4.1 所述，一个图表应该明确纵坐标（纵轴）所展示出的自变量是什么，横坐标（横轴）所展示出的时间跨度（每天/每周等）是怎样的，以及研究中的因变量或所采用的干预策略是什么，这些都可以通过图例或标记进行说明（如基线期、自我管理）。一般而言，在认真审视完图表之后，读者就能对该研究的主要问题有一个清楚的认识（如上述研究中的问题"同伴发起的主动交往对孤独症儿童的刻板行为有什么样的影响？"）。

第二个问题：研究设计能否体现对实验控制性的评估？

这一步主要是考察研究设计以及所得数据是否能体现对自变量的实验控制性。本书的后续章节详细介绍了各种设计方法，来确保严格的实验操作，减少实验误差。尽管单一被试研究并不需要清晰严格的实验控制性（参见第 6 章），但如今为使读者信服干预的有效性是经过科学研究所证实的，我们最好对实验控制性有一个比较清楚的阐述（参见第 1 章）。

第三个问题：数据的呈现能否说明自变量与因变量间的功能关系？

如果一个研究设计体现了对实验的控制性，那我们要考证的第一个问题就是数据是否符合实验规范（Kazdin, 1982）。也就是说，呈现的数据是否能说明自变量与因变量二者之间的功能关系？要回答这个问题，需要系统地分析某一阶段内的数据发展趋势，以及研究各个阶段的数据发展规律。

阶段内的特征

阶段内（within-phase）的一个主要特征就是总体的水平，或者是某一阶段的平均水平或均值。以上述研究中伯特和安在基线期内刻板行为的数据为例（参见图 4.1）。伯特的刻板行为的数据均值是每时段约 50%～60% 的时距，但是安的数据均值是每时段约 90% 的时距（水平或均值等同于统计上的平均值 X 的概念）。

伯特的数据还展现了另一个重要特征，数据在某个阶段的变动幅度，或者说是数据距离总均值的变动幅度。如图 4.1 显示，伯特在基线期的数据基本在 20%～90% 之间浮动，而安的数据浮动程度要小得多，大约在 80%～100% 的范畴之内（这里的变化程度，等同于统计学上在对多组数据比较时所用到的某一组数据的标准差 SD 的概念）。

第三个重要特征就是数据的趋势或者斜率，用以表示在某一阶段内数据水平是否上升、下降、保持平稳或处于中间水平。对未来趋势的评估主要是根据已有的数据呈现的水平和变动性来决定的，因为已有数据的变化会影响未来数据是呈现上升还是下降的趋势。正如伯特在基线期的数据显现出很大的变动幅度，使得我们很难判断出是否有清晰的趋势显现出来，但伯特的数据发展一般不会发生持续增高或降低的趋势。安的基线期数据表明了一个相对平稳或处于中间水平的趋势，即安的行为是在相对小的范围之内变化，变化不大且平稳（也就是说既没有上升，也没有下降）。

由于数据可能会有大幅度的变化，我们有时候很难判断或甄别出数据的发展趋势，一些作者（如 Parsonson & Baer, 1978, 1992）建议在一个时距内画出一条回归线或趋势线，这样能够比较清楚地判定数据发展趋势（Bailey, 1984; Rojahn & Schulze, 1985）。图 4.3 列举了几个例子，基线期和干预期的数据展现出不同的变动幅度，我们可以在此画出一条回归线或是趋势线，以帮助我们清楚地判定数据发展的趋势。如今，很多程序，如微软的 Excel 软件，都可以帮我们比较容易地加上这条趋势线，该软件会自动计算出数字，并在数据图上画出趋势线（参见图 4.3）。

另一个阶段内的要素就是该时间段的数据点是否充分，足够我们进行合理的评估。虽然没有明确的数据点数的要求，但是一些学者认为根据"经验法则"，一般至少有三个数据点，这也是我们判定发展趋势所需的最少的数据点数（Horner et al., 2008）。关键问题是我们绘制的图表是否有足够充分的数据，能让我们对某一阶段内的数据的稳定性做出清楚的判断。数据的三个主要特征，即水平、趋势和变动幅度三者交互作用，数据便产生出一种稳定或不稳定的态势。稳定性是指在某个时间段内，水平、数据的平均值、变动幅度以及趋势是否一致（也就是轻微浮动或是没有变化）。在一些情况下，相对较少的数据点就可能体现出稳定性（也就是 3～5 个数据点），而在某些研究中，则需要大量的数据才能显现出数据发展的清晰走势（参见第 6 章）。在某个时间段内，数据的发展趋势也有可能变化。例如，刚开始的时候，数据的变化幅度很大，但是随着研究的持续进行，变化幅度可能就减小了。通常而言，我们需要至少 3～5 个数据点，通过水平、趋势以及变动幅度体现出数据的稳定性，我们才会进入下一个研究阶段。一些学者（如 Tawney & Gast, 1984）认为稳定性应该有明确的量化标准，如该阶段的最后 3 个数据点的值应与该阶段的均值水平浮动不超过 10%。例如，如果该阶段的平均水平或均值为 50%，那么最后三个点的数值应该在 40%～60% 的区间内，这样才能认为数据是稳定的。当然正如前文所讲的，除了数据的稳定性，我们还要关注数据的其他特征，如趋势。

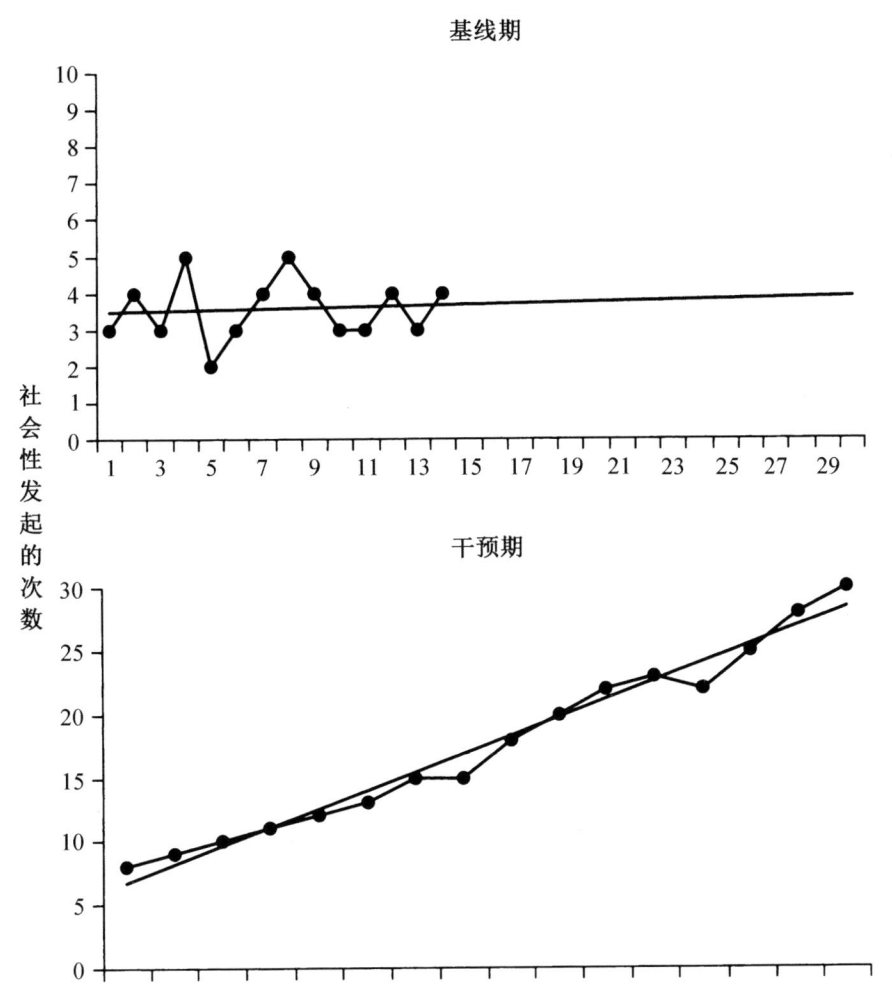

图 4.3 该图展示了两个阶段的图表呈现，其中都有一条附加线，用来评估数据可能的发展趋势

在研究中，数据变化的方向可能与我们所预期的发展方向恰好**相反**。例如，在图 4.1 中，在干预期，安的刻板行为清晰地呈现出下降的趋势（也就是平均水平在下降），并带有相对较小的浮动性。若干预撤离，数据的发展趋势（向下的趋势）与预期相反（预期的是会再次反弹增加），这时，就可以进入下一个阶段了。

需要注意的是，若当前阶段的数据不能显示出稳定性特征，我们一般不会改变研究阶段或情境。这对我们判定新阶段的数据与以往阶段的数据是否存在变化是非常重要的。

阶段间或跨阶段的特征

在很多单一被试研究中，评估数据在阶段间（between-phases）或跨阶段（across-phases）的变化，能够方便我们回答因变量与自变量之间是否存在功能关系这一基本问题。重要的是判断几个核心要素，如数据的水平、趋势以及变动幅度，在各阶段是否存在变化。在新的阶段，数据可能在以上一个或多个特征上表现出不同。若我们观察图4.1，安在基线期Ⅰ和干预期Ⅰ的数据变化就是阶段间的变化特征。在基线期Ⅰ阶段，安的刻板行为和社交互动行为是比较稳定的，表现出比较平稳的态势，很少或没有浮动，是一种中间水平的趋势呈现。但实施同伴社交干预之后（干预期Ⅰ），安的刻板行为持续减少，而社交互动行为增多，这在数据表现水平和变动幅度上均有体现。因此，我们可得出这样的结论，干预对她的两种行为均产生了效果。

若是数据的平均水平、趋势或变动幅度这些要素出现变化，可能会导致跨阶段的数据发展趋势的一些明显变化（Parsonson & Baer, 1978）。例如，效果的即时性，它是指从一个阶段的结尾到另一个阶段开始之间数据的变化有多迅速。图4.1中安的数据显示当从基线期过渡到干预期以及从干预期过渡到下一基线期的时候，在数据的平均水平以及其他要素上均显示出较大的变化，这些较大幅度的变化也为进一步证实干预的效果提供了令人信服的证据。在不同的基线期或干预期内数据变化的重叠性也是干预效果的力度或强度的指标之一。重叠性是指不同阶段的数据点的值集合起来集中在某一区间进行变化。重叠性是跨阶段的主要考核要素，如水平、趋势和变动幅度的变化（或缺乏变化）的体现。图4.1中伯特的数据表明跨阶段的数据点的值是比较相近的，而安的数据则明显表明跨阶段的数据点的值没有很大的重叠性，表明了干预的有效性。有很多种方法可以计算阶段间数据点值的重叠性，如非重叠数据点的百分比（percentage of nonoverlapping data points），或称PND（Parker Hagan-Burke, Vannest, 2007; Scruggs, Mastropieri, Casto, 1987; Scruggs, Mastropieri, 2001; White, 1987）。非重叠数据点的百分比，包括计算干预期内那些高于或低于基线期内最高或最低数据点的那些数据点的百分比。很多研究都使用了这种方法计算数据（Didden, Duker, Korzilius, 1997），然而该测量方法也引起了一些争议，如对数据的判断会受到干预期内某个很强的单一异常值的影响。因此，有些学者提出了其他可替代的方法（如 Parker et al., 2007）。可以说在单一被试研究中，并不存在一个被广泛认可的、可以完全有效地判定阶段间和跨阶段的差异所通用的数据重叠测量方法。

最后，一些学者（Horner, 2008; Parsonson & Baer, 1978）认为在一个实验研究设计中同质的研究阶段（如两个干预期）的数据变化规律的一致性，能表明出较好的实验控制性。例如，如图 4.1 中，伯特和安的基线期和干预期的数据发展规律在水平、趋势以及变动幅度上都有一定的相似性。这种相似性表明研究控制了相关变量并能进行较好的评估。

同时考虑到所有变量的重要性

在单一被试研究中，如果要用图表呈现研究数据，很重要的一点就是要考虑研究设计中的所有变量。在对实验研究进行评估时，需要切实考虑所有因素，如平均水平、趋势、变动幅度、重复性、效应的即时性以及跨阶段数据的相似性（Horner et al., 2008）。当然不是所有的研究都需要展现出这些因素的所有特征，但是这些因素能够体现出一些重要效果。

第四个问题：若通过数据处理与分析后，自变量与因变量之间存在功能关系，这能否说明具有对目标行为产生影响的社会效度？

第 2 章介绍了很多如何对研究的社会效度、临床效度或某一研究数据的重要性进行评估的策略，用于强调某一干预的临床或治疗效果。在评估中可能会出现这样的情况，干预和测量的因变量之间存在着明显的功能关系，但干预的效果不足以对被试产生社会性的、有效的影响。例如，某些人成功地学会了如何完成一项工作任务（如清洁和摆放餐馆的桌子），但在真实生活场景中他却不能很快地完成任务。正如第 2 章所言，把常规的社会效度评估作为研究进程的一个必要环节是非常重要的。论文撰写者和杂志的编辑也应该考虑到这一点，并要求在发表的文章中应包括这些评估（Carr et al., 1999）。

确保流畅性：另一个例子

很多年来，与其他严格的量化的统计分析方法相比而言，人们认为视觉分析法更具有主观性。这种担忧主要集中在单一被试研究中，我们难以保证评分者的一致性（Furlong, Wampold, 1982; Jones, Weinrott, Vaught, 1978; Knapp, 1983;

Wampold, Furlong, 1981）。在这些研究中，观察者的一致性并没有一个理想的标准，因此也引发了其他的问题。例如，在展示数据的时候，如果有些图表没有显示关键的信息，通常有以下问题：①图没有描述因变量以及它们的实际阈值；②图没有提供时间段的一般标识；③图没有提供完整的实验设计的一系列时间段的信息（Horner et al., 2008）。目前很多最新研究认为，若读者在视觉分析上有过系统的训练，他们在评价单一被试设计结果的时候就比较能产生一致性的意见（如 Fisher, Kelley, Lomas, 2003; Hagopian et al., 1997; Horner et al., 2008）。这也就是我们所说的确保流畅性，我们为此给您介绍另外一个数据呈现的示范个案，并对前文所涉及的各种问题进行分析（见表4.3）。

图4.4 展示的是拉斯马森和奥尼尔（2006；参见第6章）的一个研究。针对第一个问题，从图中我们可以清晰地看到该研究是评估固定时间强化程序（fixed-time reinforcement schedule）对班级中爱说话同学的干扰行为频率的影响。三个学生参加的是一个针对有重度情绪/行为障碍学生的日间干预项目（其中两个学生被诊断有双相情感障碍，另一名学生有焦虑障碍）。固定时间强化程序包括定期给学生提供他们喜爱的强化后果（在此个案中为社会性的关注），这样学生就不会通过问题行为来获得他们想要的关注（Carr, Kellum, Chong, 2001）。对于第二个要评估的问题，研究设计按照初始的基线期－干预期－基线期－干预期的顺序（A-B-A-B 倒返设计，参见第6章）。这样的设计能够控制住一些重要的不利因素，保持内部效度，如历史效应和成熟效应（参见第3章）。对于第三个评估问题，在基线期和干预期间，所有学生在水平、趋势以及变动幅度上的数据，出现了明显的变化。第四个问题是关于研究的社会效度，该研究提供了多方面的信息。从图表中我们可以看到，固定时间强化的干预把学生这种爱说话的干扰行为降到几乎为零，这也正是课堂上我们所期待的行为。然而，干预也给老师提出了极高的要求，因为这意味着老师一开始就要为学生提供一定的社会关注，并持续一段时间。为了降低给老师带来的挑战，在最后一个时间段，每个学生的干预计划都开始逐步撤离，这样老师给学生的社会关注的频率下降（对三个学生都是从每隔75秒、每隔60秒到每隔90秒一次）。最后，在研究结论部分，三个学生都接受了访谈，当被问及他们参与干预的感受时，他们都认为这个干预对他们很有帮助，没有人表达出任何不快和顾虑。此外，由于这些学生准备过渡到公立学校的课堂环境就读，因此研究者为他们的家长和教师介绍了这项研究，并描述了研究过程和结果，以及该研究如何应用于家庭环境和课堂环境，确保干预效果的持续性。

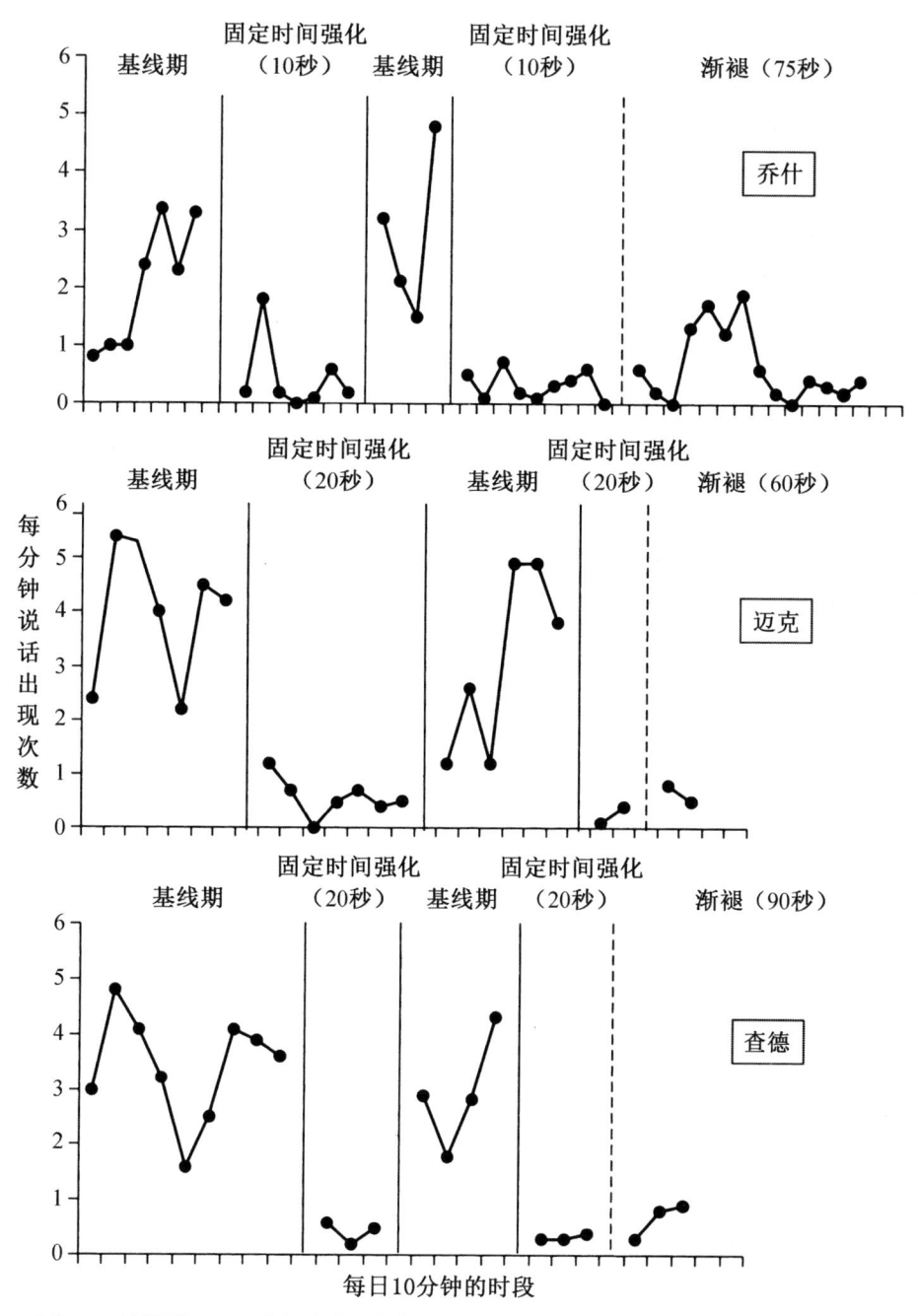

图4.4 该图展示了一个课堂中三名情绪/行为障碍学生爱说话的干扰行为的出现频数

资料来源：Rasmussen & O'Neill, The Effects of Fixed-time reinforcement schedules on problem behavior of children with emotional and behavioral disorders in a day-treatment setting, *Journal of Applied Behavior Analysis*, 2006, vol.39, p.455. 同意翻印。

单一被试研究的其他统计学和量化分析方法

自从应用行为分析这一领域建立以来，伴随其发展，单一被试研究中不时有呼声建议应采用量化和统计方法来分析研究数据（Michael, 1974; Perone, 1999）。一些学者对用视觉分析图表数据的技术和程序表示担忧，他们批评视觉分析过于主观，容易产生问题（如 Furlong & Wampold, 1982）。然而，很多已发表研究成果的、批评视觉分析的研究人员并没有采用清晰准确的方法，也没有经过相关培训（Hagopian et al., 1997）。很多最新研究显示，在单一被试研究中，经过评估之后发现接受过更为严格和结构化训练的研究者所采用的图表展示技术都是很严谨和一致的。

正如第 1 章所言，教育界及其相关领域（如学校心理学）的研究者和干预人员希望找到循证实践的方法，他们开始大量地使用诸如效应值（effect size），以分析和评估干预的效果（Olive & Smith, 2005）。效应值比统计学上基本的测量成效更进一步，它评估的是在一项研究中或不同研究中干预实施的效果实现程度。举例来说，我们可以把干预期和基线期的均值差异除以基线期的标准差（Busk & Serlin, 1992）评估研究效应值。科恩（1988）提出了评估效应值等级水平的基本方法（0.0～0.2 是低水平的效应值，0.2～0.5 是中等水平的效应值，0.8 及以上是高水平的效应值）。例如，图 4.4 呈现的查德的数据，依照以往的单一被试研究结果的分析，我们可以把两个基线期和两个干预期的数据加起来算出效应值。在这一个案中，随便说话这一行为出现的频率在两个基线期的均值为每分钟 2.37 次，而两个干预期的均值为每分钟 0.38 次，二者的差值为 1.99 次。第一个基线期的标准差为每分钟 1.02 次，用 1.99 除以 1.02 得出效应值为 1.95。根据前面所述的评量方法，很明显这是个很大的效应值。[然而，要注意单一被试研究得出的效应值一般都会比组间比较的效应值大 (Jenson, Cark, Kircher, Kristiansson, 2007）]。

关于单一被试研究中适宜的效应值大小，可以说是众说纷纭（Campbell, 2004; Jenson et al., 2007; Nagler, 2008; Olive & Smith, 2005; Parker et al., 2005），但目前关于适宜的效应值大小仍没有一个定论。然而，最关键的是研究人员能够使用最前沿的单一被试研究开展自己领域的科研工作，并和其他研究人员以及统计学者一起使用被更多研究人员所认可的适宜的测量手段（Horner et al., 2008）。单一被试设计在各个领域的循证实践中发挥着越来越重要的作用，这才是关键所在。

除了用效应值来评估单一被试研究，其他研究者开始运用其他统计方法，尤其是聚合很多研究结果进行综合分析，对研究数据进行评估。例如，多层线性模型（hierarchical linear modeling, HLM）逐渐被应用到单一被试研究中，评估某一研究或多项研究的结果（Fisher, Kelley, Lomas, 2003; Jenson et al., 2007）。但是应当注意的是，这个方法还在开发过程中，对于如何使用以及什么时候使用都没有定论。然而，正如前文所述，研究者应责无旁贷地应用最前沿的单一被试方法，并把新的方法应用于相关的领域（Horner et al., 2008; Nagler, 2008）。

第5章　开展研究的一般步骤和阻碍[①]

研究过程大致可以分为以下几步：计划、实施、评估和传播（Elmes, Kantowitz, Roediger, 2003; Graziano, Raulin, 2003）。撰写本章的目的是深度剖析单一被试研究设计过程中的计划、实施阶段，以及在研究进程中可能会出现的各种困难。在后续的章节中，我们还会给您讲述如何评估和传播研究结果。本章主要讲述了如何进入学校或社区开展研究，如何获得高校机构审议委员会的允许，如何获得研究被试的同意以及如何获取资源以开展一项研究。

本章中引用的许多内容和研究成果来自赫米特等人所编写的《肯塔基大学合作性实地研究检查表》（University of Kentucky Checklist for Collaborative Field-Based Research, Hemmeter, Doyle, Collins, Ault, 1996，该检查表的复本参见表5.1），该检查表主要在应用性情境中开展单一被试研究时使用，对此感兴趣的研究者可以为其所用。此外，玛瑞亚麻和德诺（Maruyama, Deno, 1992）也为我们就如何在应用情境中开展研究提供了非常清晰、简明的指导意见。

如何在应用性研究情境中开展研究和评估

开展研究最为艰辛的一步就是，找到并获准进入一个能够满足你作为研究者所需求和期望的一个场所（Maruyama, Deno, 1992）。进入研究场所的第一步就是去联系你的学校或同事，查看目前谁在学校或社区做研究。这些人能够帮助你联系到你感兴趣的研究场所中的重要人物，也可以给你提供一些建议，告诉你如何挑选最适合的研究场所。若你们的大学和某个学校或社区已经建立了某种合作关系，这就是另一个进入该研究场所的最佳途径（Maruyama, Deno, 1992）。如果你在大学的教育学系、心理学系或传播学系工作，这些系的学生通常会有一些

[①] 本章由犹他大学的利安娜·霍肯博士（Leanne Hawken, PhD）撰写。

必须要完成的实习任务。例如，你所在的系所可能正在安排学生到某个区的一个学校实习，或者学生可以在某个关注心理健康方面的社区机构实习，获取一定的实习经验。如果你工作的系所和研究场所已经建立了良好积极的合作关系，那么这可能是你进入学校和社区的最佳切入点。

表 5.1　肯塔基大学合作性实地研究检查表（Hemmeter et al., 1996）

开始阶段：
1. 确定潜在的研究问题；
2. 选择场所和实地研究人员；
3. 与实地研究人员讨论研究的益处；
4. 评估研究人员开展研究的技能和知识；
5. 与研究人员一起确定研究问题，选择研究设计的方法；
6. 确定研究人员的人数；
7. 明确所有人员的职责；
8. 明确在最终成果中实地研究人员的职责；
9. 获得实地研究人员的许可；
10. 获得大学认可；
11. 获得教育系统的认可；
12. 确定联系研究人员的日程；
13. 在实地研究人员的帮助下选择被试；
14. 获取家长或监护人的允许；
15. 确定获得有关被试信息的途径；
16. 准备书面材料；
17. 对实地研究人员进行培训；
18. 获取各种材料；
19. 确定数据收集的截止日期。

实施阶段：
1. 确定日程表，进行日程程序观察和对因变量信度的观察；
2. 尽量保留原有的实地研究人员；
3. 更新书面材料；
4. 安排会见实地研究人员的时间计划；
5. 了解实地研究人员的需求；
6. 为实地研究人员确定数据总结的进度安排；
7. 为实地研究人员提供积极的反馈。

完成阶段：
1. 按照研究开始时所允诺的，为实地研究人员提供一定的报酬；
2. 数据的最终总结；
3. 与家长和行政管理人员开展后续研究；
4. 在取得最终成果的成员名单上加上实地研究人员；
5. 对实地研究人员就参加该项目的体会进行访谈。

与学校及社区建立良好积极的关系需要一定的时间。如果他们能够相应地从你那里获得一些反馈，那么可能会更愿意配合你开展研究。另外，你也可以通过提供免费的咨询服务或者在职讲座，与潜在的研究场所建立合作关系。我们要明白几个问题，学校和社区的需求是什么？你能提供你的专长吗？例如，一个学校可能对帮助残疾高中学生到大学或工作单位的转衔服务这方面比较关心，那么你可以通过开展一个讲座，帮助学校人员和社区或高校人员建立联系，或是能在转衔会议上提供一些帮助和指导。如果你对在社区心理健康场所开展研究有兴趣，那么可以通过为学生创造一个获得一线经验的实习机会来进行，而且该研究也能获得员工额外的支持。通过创造一个让研究者和研究场所互惠的机会，你获准进入一个研究场所的可能性就增加了。

另一个进入研究场所的途径就是看该场所是否要实施一个创新的课程方案或是需要外部的资金。例如，一个州教育局可能需要筹集资金，开展提升三年级学生语文成绩的课题。作为一个对阅读干预和儿童语文成绩感兴趣的研究人员，你可以帮助学校写一个课题申请表，并把自己的研究日程和研究活动附在申请表上。在社区情景中也是如此，我们要问自己："我如何开展或支持他们目前所感兴趣的服务方案？"很多机构都没有外来资助，需要额外的资源来为客户提升服务设施水平、增加雇员以及提供更多的服务。如果你的研究项目能够提供一种他们所需的服务，或是能够带来额外的资金收益，这一般都会帮助你成功地在机构里站稳脚跟。

与校区的主管人员建立并开展联系也是一种进入学校场所进行研究的方法。如果你对在学校场所进行的研究感兴趣，尤其是对残疾学生或重度残疾学生感兴趣的话，你可以与学区主管、特殊教育的主任或者学区课程专家进行接触，请求他们帮助你进入研究场所（Maruyama, Deno, 1992）。这些人通常会对学校的需求，以及哪所学校更适合开展你的研究了解得很清楚。

在每一个社区或学校，你总是能够找到极少数这样的人，他们对自己所在领域（如教育学、心理学、社会工作等）的前沿技术非常感兴趣。这些人愿意继续学习新技术，并愿意把新知识与研究成果应用到日常的活动中来。你可以在社区或学校中寻找到这些人，他们能够帮助你进入研究场所。需要注意的是，你必须尊重该学校和社区的批准手续，关于这一议题在下面的章节中我们还会涉及。

在研究过程中保持谨慎和谦逊

当你和某一研究场所的人员进行接触的时候，首先你要了解并遵循该校或社区严格的纪律要求（有关如何获取场所的正式允许开展调研的内容在本章结尾之处有所介绍）。例如，即使某个老师对你的研究感兴趣，愿意加入你的研究项目，你也需要获得该学区和校长的认可和允许。

了解学校或社区的文化

通常情况下，当你努力寻求研究场所的时候，你并没有过多的选择权。然而，如果有很多研究场所供你选择的话，建议在你做出决定要去该场所开展研究之前，了解该学校或社区的文化（Maruyama, Deno, 1992）。你可以通过下列途径进行了解，例如，开一个简短的研讨会或在职培训，给可能参与研究的教师或工作人员留下印象。在这种情况下，你需要了解他们相处是否融洽，管理人员是否支持你的工作。

你也可以先在感兴趣的研究场所做一个预研究，来帮助你判定该场所是否适合开展研究项目（Maruyama, Deno, 1992）。预研究基本上就是你预期开展的实际研究的简化版（Graziano, Raulin, 2003），若在此过程中，你发现完成预期目标有很多困难，或选定的场所并不适合开展你的研究，那么你可能需要考虑更换研究场所。在预研究中还可以初步开展部分研究内容，让学校或社区人员为参与研究感到欣喜与激动。

提升寻找和保留研究场所的概率

在感兴趣的学校和社区中开展研究，要完成每一天既定的工作任务工作人员会非常忙碌。在本已繁忙的工作日程中再增加一件任务，如一个科研项目，工作人员需要付出额外的时间和精力去配合你完成你想做的事情，对他们来说是很令人头疼的。正因为如此，你需要运用一些方法激励科研项目的参与人员。研究者可以运用多种激励方法来让研究项目在该场所顺利开展，比如说参与项目者可以得到继续教育或是大学给予的学分。对于单一被试研究来说，工作人员可能需要在干预之前接受大量的培训。

另一个激励工作人员参与研究的方法是，在他们接受与研究相关培训的同时，给学校或社区一定的经济补贴来安抚他们。例如，你可以给残疾成年人的护理院里的替班人员一定的金钱补助，这样全职的护理人员就可以参加培训或是参与研究项目相关的其他活动，这样的方法也可以应用于学校。无论在哪里做研究，只要研究的任务超出了工作人员本身的工作范畴，你可能就需要为他们提供额外的补助，这样他们就不需要占用自己的资源来帮助你完成研究。

其他激励措施包括给学校或学区购买新的教学材料，或是为社区安装新设备。正如前文所提到的，为在这些场所开展研究，还需要为相关人员提供某一方面的专业知识培训。能够在一个学校或社区做研究是一个极其宝贵的机会。学校和社区人员为你的研究提供支持，而研究本身则是他们的工作职责之外的额外工作。为这些参与到研究中来的人员给予一些激励，是对他们的付出及工作职责的认可与肯定。

作出最终抉择：在潜在的研究场所中关注什么

进入一个研究场所是研究进程中关键的一步。然而，你可能发现这个潜在的研究场所正处在变革或过渡期，这可能会对开展研究造成一定的困难（Crone, Horner, Hawken, 2004）。表 5.2 总结了在决定研究场所之前，需要询问当地管理人员的一些问题。

表 5.2　评估潜在的研究场所时所需考虑的问题

1. 工作人员是否存在较高的流动率？ 2. 行政人员是否存在较高的流动率？ 3. 学生或客户的流动率是多少？ 4. 当前该地正在实施什么样的创新项目和固定项目？ 5. 学校或机构是否已经参与了其他研究项目？ 6. 学校或机构是否有参与研究项目的经验？ 7. 校区或机构允许研究项目开展的时间表是怎么安排的？ 8. 是否还有其他事宜可能影响项目的开展？

你还需要注意研究场所的行政人员和工作人员的流动率。此外，很多学校和社区的工作人员可能是某个组织或团体的共同成员。研究者的项目可能会被人员罢工或者流失所搁置。这些都是在选择研究场所开展研究项目的时候所要考虑的问题。

还有一个你在决定研究场所时需要考虑的问题，就是学生或者客户的稳定性。如果学生或客户可能会离开一小段时间，会对你后续研究活动的开展造成一定的影响。

在选择研究场所之前，知晓学校或社区是否正在实施一个全新的实验、课程或者教改方案非常重要。例如，若学校正在开展一项新的语文课程、致力于全校学生的品德培养，或是全力提升师资水平等，这些都不稀奇。如果学校正在实施很多新项目或教改方案，你的研究项目可能会因此被搁置，或被安排在正在实施的项目之后进行。因为老师或工作人员若再进行新的实验的话，会因压力过大而无法对你的研究项目给予足够的关注。

最后一个需要关注的问题是学区或社区配合研究项目开展的具体日期。你要估算研究项目能否在他们给定的时限内顺利开展并完成。

获取相关审查和审批委员会的允许

一旦找到了一个你愿意参与研究项目的研究场所，下一步就是获得相关负责审批委员会的允许。如果你在高校学习或工作，而你想在学校或社区开展一项研究，一般需要经过两个层级的同意才可以：一个是高校伦理审查委员会（IRB），二是学校或社区任何负责管理和审核研究申请书的审查委员会（Hemmeter et al., 1996）。

伦理审查委员会的职责以及审批目的

伦理审查委员会的职责是，在某项研究开始之前对研究申请书进行审核，确保研究者依循相关机构所设定的伦理原则（如美国卫生和人类服务部）。每一个接受联邦政府资助的大学或社区开展的研究都必须得到伦理审查委员会的认可（Sieber, 1992）。伦理审查委员会的审批目的是权衡研究所带来的风险以及利弊。如果申请书的论证有理有据、研究设计合理，研究所带来的积极效果（如知识的获得，学生获益）能大于其所带来的潜在危险（如信息的泄密），伦理审查委员会一般会同意该申请。伦理审查委员会对研究项目的开展有不同的时间安排。例如，一般的研究项目都会获批在一年内完成，若没有完成，需要研究者在此之前再次提出对继续其研究的申请。

获得伦理审查委员会审批同意的时间表

了解获取伦理审查委员会审批同意所需要的时间非常重要。每个大学或机构的伦理审查委员会开会的时间都是不一样的。此外，在最后获得允许开展研究之前，有时伦理审查委员会还需要你修改申请书。你可以从最近正在申请或刚刚申请过的同事或学生那里得到有关伦理审查委员的信息。

学校或机构的审批

如果你是大学的学生或教师、研究人员，当你获得了伦理审查委员会的审批允许之后，还需要得到所要进行研究的学校或社区的审批许可。通常，大学伦理审查委员会也可能需要社区或学区出示证明，表明他们同意你在他们那里开展研究。

如果你希望在学校里开展研究，获得学校的审批许可基本上取决于学区的相关程序及兴趣。较大的学区会有集中受理审批申请书的程序，并有专职人员负责审查并批准研究申请书。其他一些学区的决定处理机制可能比较分散，会由各自学校进行决定（Maruyama, Deno, 1992）。

最佳的方法是撰写一个研究者和研究场所工作人员的研究协商计划书，明确双方的职责。赫米特等人（Hemmeter et al., 1996）建议研究协商计划书应包含以下几方面：①研究项目的开始日期和结束日期；②参与研究的学校或社区的工作人员的姓名和联系方式；③参与研究的大学研究人员的姓名和联系方式；④该研究对所有参与人员的职责和期望。

获取被试的知情同意

一旦研究项目获得了相关伦理审查委员会审批的印章，接下来就要获得参与研究的被试的知情同意。这个程序包括以下环节：①获得学校或社区工作人员的同意；②若儿童参加，获得其家长的同意；③获得参加儿童的同意（见表 5.3）。

表 5.3 国家规定的必须提供给每一位被试的信息

1. 介绍整体研究、研究目标以及被试参与的预期时间段、研究步骤，尤其任何带有实验性质的研究步骤。
2. 向被试说明可能预见的伤害或不舒适的因素。
3. 向被试描述各种预期的可能给被试或他人带来的益处。
4. 如果研究设计对被试造成伤害，列举出其他适宜的、可替代的措施或处理方法。
5. 说明各种对信息进行保密的措施。
6. 向被试解释若在研究中出现疑问或研究违反了被试的权利，应该如何与负责人进行联系，以及若对被试带来与研究相关的伤害，告知其相关联系人的信息。
7. 向被试说明参与研究是自愿行为，若拒绝参加或在任何时候终止参与研究均不会带来处罚，或失去作为参与者所能得到的各种益处。

资料来源：Penslar, R.L.,（n.d）. *Institutional Review Board Guidebook.* Retrieved August 31, 2003, from http://ohrp.osophs.dhhs.gov/irb/irb_guidebook.htm.

为开展研究整合资源

完成伦理审查委员会的申报手续，获得学校或社区的同意，并得到研究被试的许可，这些都是一个研究中重要的组成部分。在策划研究时，还要考虑研究运行所需要的其他各种资源。

所需要的资源以及获取这些资源的步骤

项目人员

大部分研究都需要数据收集者，他们会获得一定报酬或得到一些学分。工作人员最好已经了解一些关于研究进程的信息。赫米特等人（Hemmeter et al., 1996）建议最好对潜在的项目工作人员进行面试，来评价他们对研究进程的了解情况。这包括确定其以往的研究经历、所修过的研究课程、对研究技术的了解程度（如观察者间一致性信度、处理完整性）以及数据程序。项目工作人员还应该具备相关的伦理方面的知识或者接受过相关训练（Sieber, 1992）。

设备和材料

大部分单一被试研究都需要各种可以直接观察的数据收集系统（见第 2 章 "评量什么与怎样测量"）。有些直接观察需要计算机数据收集系统，有些直接观察需要纸质的记录单和计时器来记录行为。相关的器具和材料所需的预算是研究进程预算的一个组成部分。

在研究过程的规划阶段，你还需要确定如何评量实验干预或实验处理在多大程度上是按预定计划执行的（也就是忠诚度）。有很多种方法来测量自变量实施的忠诚度，包括审核常规性产品（如培训课程的视频或音频资料），让社区人员在实施干预的过程中完成审核单，或是直接观察学校或社区人员是如何进行干预的（McIntyre, Gresham, DiGennaro, Reed, 2007）。

获取单一被试研究所需资源的创新方法

把教师和工作人员视为数据收集者

很多时候，学校或社区项目人员可以帮助你收集数据。例如，在学校环境中，教师可以帮助收集档案袋和人口学信息。在社区环境中，工作人员或许愿意在每个小时结束时评估客户的行为。他们的帮助，有助于数据的收集以及研究的开展。

提供研究方面的经验

一些大学或院所需要学生参与研究，并以此作为完成课程的要求之一。学生可以参加实习或独立开展研究，在这种情况下，他们会因参加研究项目而得到一定的学分，而不是仅仅按小时获取报酬。

学生要做研究，也有很多办法得到资助。很多高等学府都有提供给本科生或硕士生的研究项目经费，帮助学生支付研究所需的部分或全部费用。此外，学生还可以从他们参加的专业组织中获取研究经费。一些研究组织，如美国特殊儿童协会、国家学校心理师学会、美国心理学会和行为分析协会都为学生提供了一些研究项目资助和竞赛。

确定数据收集的开始日期：制作时间表

玛瑞亚麻和德诺（Maruyama, Deno, 1992）认为，如果你在学校开展研究，那么收集数据的最佳时间段是在一月份和春季假期之间。在这段时间，虽然有一些日程安排上的干扰，如两个公共假期，但如果安排在秋季，就会有家长会及万圣节、感恩节、圣诞节等节日的影响。在很多学校，为了开一些庆祝会、游园会或是其他学校活动，教学基本上就会中断或是暂停。因此，无论是在学校还是在社区开展研究，你都需要得到一份日程表，以便了解你开展研究期间的学校活动安排。

你需要确定好时间表，并确定开始收集数据的时间。还要记住，对于快速收集数据要随机应变。

实施研究项目

只要完成了对研究进程的规划，你就可以开展研究了。

观察者间一致性和忠诚度检验

在实施过程中，做好时间安排，在基线期以及干预期内进行观察者信度检验是很重要的一步。同样，另一重要步骤是要定时进行干预实施的忠诚度检验。

定期和工作人员会面、保持其项目的参与度

为了保持工作人员对项目的参与与投入程度，你可以建立一个沟通系统，这

样他们就可以定期提供反馈意见（Maruyama, Deno, 1992）。这也会让研究人员和研究场所的工作人员感到他们是受到支持的，而且大家始终都同舟共济。你也需要定期来到研究场所，回答他们的疑问并给予反馈，这表明你也身体力行参与其中，愿意了解更多的有关研究的具体细节（Maruyama, Deno, 1992）。

在本章开始的时候就提及了激励参与研究人员的重要性。通常而言，研究参与者（如学校或社区的工作人员）会在研究结束的时候收到这些奖励。根据研究的性质不同，一些单一被试研究需要每天收集数据，并持续几个月。这就意味着研究者要在此过程中不断进行鼓励和感谢，让学校或社区工作人员也意识到他们的努力得到了肯定。在研究过程中，你可以给相关人员写一封简单的"感谢信"，或者在赠送的一些糖果或巧克力等小礼物旁附上"谢谢，我们的研究已完成一半了"这样的小纸条，或者和参与者吃一顿特别的午餐，这都会让他们备受鼓舞。

当发生意外时

在研究过程中可能会出现没有预料到的事情，如大雨导致停电、教师离职、资金来源中断、被试流失或是研究结束之前数据收集者退出。作为一个研究者，你不可能预料到所有可能会出现并影响结果的事情的发生。玛瑞亚麻和德诺（Maruyama, Deno, 1992）建议处理这种突发情况的最佳办法是积极应变，想方设法把这些意外带来的不良后果降到最低，这样对研究结果的不利影响也会随之降低。一些突发事件可能会对你的研究结果产生一些影响，在撰写研究结果的时候可以对其进行解释。

结束语

撰写本章的目的是呈现设计和实施研究进程的各个阶段，并讨论了在这些阶段可能出现的一些阻碍与挑战。这些阶段包括如何进入研究场所，获得伦理审查委员会的允许，获得被试的同意，并整合各种资源以实施研究。研究进程可能是非常艰难、不可预知的，但只要你不断坚持，你的回馈也会随之而来。

第6章　移除和倒返设计

在第 1 章中，贝尔等人（Baer, Wolf, Risley, 1968）详细描述了行为分析研究的重要特点，在此基础上他们还介绍了一些基本的实验设计方法，用来证明实验控制或功能关系。其中一个主要的设计方法就是通过反复变换基线期和干预期条件，来比较被试在不同情境中的行为表现（Parsonson, Baer, 1978）。这种方法有点类似于组间比较设计，即接受干预的实验组与对照组的行为表现相比较，或被试组基线期的行为表现与这个组接受干预后所表现出的行为进行比较。然而，与组间比较设计不同的是，在此设计中参与比较的是每个被试自身基线期与干预期的行为表现。举一个简单的例子，比如有一个孩子，每当他父亲打电话的时候就开始哭闹，想引起他父亲的注意。他父亲想确定当孩子出现这种行为的时候给予关注（如"安静点，我在打电话呢！"），此行为是否会被强化。于是在刚开始的几次打电话期间，父亲忽视了他孩子的行为。而在随后几次打电话时，每当孩子表现出干扰行为后，父亲便给予关注。重复以上两个步骤，父亲就可以判定出在哪种情境中孩子会表现出更多的哭闹行为。实际上有很多种不同类型的移除和倒返设计可以用来判定干预对某一行为的影响。这一章将会讲述这些设计的特征、成功实施所需的步骤，并从研究文献中选择一些实例来阐述如何应用这些设计。

个案研究设计

如果我们从最基本的单一个案研究设计开始讨论，那么研究者就可以更好地理解和接受移除和倒返设计的优势所在。A-B 设计，有时候又被称为前实验设计或个案研究设计（case study design, Kazdin, 1981），这种设计包括一个初始的基线期（A）和一个随后的干预期（B）。例如，为发展障碍成人开设的托管机构中的负责人，想收集其中一个成人的攻击性行为频数的数据。经过一段时间的基线期数据收集之后，负责人对那名成人实施了一项干预，即教导他采用适宜的沟通技能（如使用手势表达想暂停工作、休息一下的意愿）。同时，当他在一段时间内没有表现出攻击行为时，工作人员就给予他物质奖励[这就是对其他行为的差别强化（differential reinforcement of other behavior, DRO）]。在实施干预策略之后，工作人员继续收集数据以确定那名成人的攻击性行为频数是否减少。我们可以想象到在经过几周的干预之后，他的攻击行为会明显减少。

有一项研究（Campbell, Skinner, 2004）可以作为个案研究设计的真实案例。他们的研究对象是六年级某班的 30 名学生，这些学生的教师担心每个活动之间的衔接花费时间过长（如往返休息区或午餐区的时间）。在基线期，研究者记录了活动衔接所需的时间，并计算出每天平均花费的时间。在干预期，研究人员和教师合作，实施了一个及时转换游戏（Timely Transitions Game, TTG），在这个游戏中，如果学生完成每一次活动衔接的时间少于预先规定的标准时间，那么学生将会获得一定的奖励（如开爆米花派对或集体看电影）。图 6.1 展示了基线期和干预期每天活动衔接所需的平均时间（秒数），从图中可以清晰地看到在干预阶段活动之间的衔接所需时间大幅度减少，并维持在稳定水平。

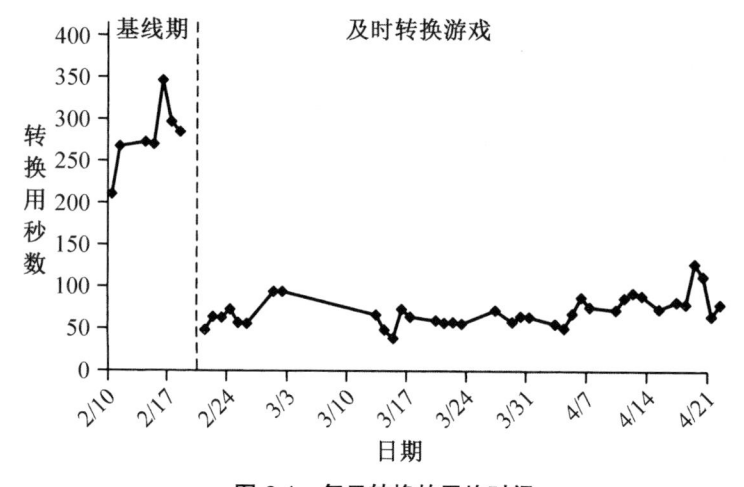

图 6.1　每日转换的平均时间

资料来源：Campbell, S., & Skinner, C. H. (2004). Combining Explicit Timing with an Interdependent Group Contingency Program to Decrease Transition Times: An Investigation of the Timely Transitions Game. *Journal of Applied School Psychology*, 2004, 20, p. 21. 版权归霍沃思出版社所有，同意翻印。

通过对上面两个研究中干预期的数据进行分析，发现这一阶段的数据朝着研究者所期望的方向发展，表明问题行为逐渐减少。然而，并不是从每一个案例都可以得出这样的结论,即问题行为的减少是由于干预程序所致。如第4章所述,实验控制性或功能关系的基本标准是必须在三个不同的时间点都能证明实验设计导致了行为变化（Horner et al., 2005）。一个A-B个案研究设计只能证明在单个时间点上,由于实验设计导致行为发生了变化。因此,这样的设计会造成内部效度的缺失（如难以排除历史效应、成熟效应、测量误差对实验结果的影响）。在假设案例中,那名发展障碍成人的变化可能是由于药物的更换,或工作环境的改变。同样,在坎贝尔和斯金纳（Campell, Skinner, 2004）的研究中,有可能是校长实施了某种全校范围的行为干预计划,从而导致了学生行为的改变,而不是由教师或研究者的介入引起的。

鉴于在教育或临床情境中研究者可能（或希望）将A-B比较设计作为一种常用的评估方法（Hayes, Barlow, Nelson-Gray, 1999）,那么我们就需要考虑在这样的研究中怎样才能提高内部效度,并增强我们从中得出结论的能力。卡兹丁（Kazdin, 1981, 1982）描述了一系列影响A-B设计或个案研究设计内部效度的因素（参见表6.1）。

表6.1　影响A-B设计或个案研究设计效度的因素（改编自Kazdin, 1981, 1982的研究）

---

1. 数据的客观性
  • 研究者或被试在报告数据时是否夸大了行为实际发生的变化（如对外显行为的直接观察）,或仅仅只是做逸事报告。
2. 评估/数据收集的频数与持续性
  • 研究者是否在很长一段时间内,对被试基线期和干预期的数据进行频繁且持续的收集,而不是仅仅在干预前后进行一次测量。
3. 数据的稳定性
  • 体现被试行为表现的数据是否在很长一段时间内（尤其是基线期）呈现稳定状态（参见第4章）。
4. 效果的即时性和强度
  • 如第4章所述,起初实施干预时产生的效果越大、越迅速,那么效果就越不可能是由其他变量所致。
5. 多个个案的复制
  • 如第4章所述,在多个时间点（3个）上行为发生变化才能证明实验控制的有效性或功能关系。即使在单个设计中没有联系,但越多的A-B个案研究若能显示出相似的效果,就越能证明干预的有效性。

根据以上特征,研究者在进行个案研究调查时若想提高实验的内部效度,就需要采用更为客观的测量方法（如直接观察法）、在一段时间内进行多次重复测量、保证基线期和干预期数据的稳定性以及干预效果的即时性和持续性,此外还需要对多个被试产生干预效果。有研究人员（Rickards-Schlichting, Kehle, Bray, 2004）对六名在公众场合演讲时感到紧张的高中生进行了研究。经过培训的观

察员运用《演讲焦虑行为评估量表》(*Behavioral Assessment of Speech Anxiety, BASA*; Mulac, Sherman, 1974) 对被试的公共演讲行为录像进行了直接观察。当被试对同龄听众演讲时,研究者采用量表进行评估,此外,研究者还收集了被试在普通场合和公众场合演讲时焦虑状况的自我报告信息。在干预阶段中包括一个自我示范的环节,在此环节中被试定期观看经过剪辑的录像视频,视频中他们表现出平静且有影响力的演讲行为。图 6.2 展示了六个被试中四个被试干预前后的数据。从图中可以看出,经过干预后,他们的演讲焦虑行为均表现出迅速且大幅度的减少。数据的客观性、重复性测量、数据的稳定性、干预效果的即时性和持续性,以及在被试间的重复应用,都帮助我们剔除了对干预效果的其他解释。

A-B 设计能够让研究者在一定程度上准确预测被试最近一段时间内基线期的行为表现。那么一旦开始实施干预,研究者就能把干预后的行为表现与所预测的情况进行对比。然而,如果干预之后的行为表现与根据基线期数据预测的行为表现相比没有变化,研究者应该怎么办呢?若是这样,有两个基本解决方案。第一,由于干预没有明显效果,我们可以把最初的干预期数据当作基线数据的延伸,然后继续实施一个调整过的或新的干预[需要注意的是,要向最终评估数据的人员表明研究初始阶段有一个干预期(如图 6.3 所示),而不能简单地把最初的干预期以及基线期数据合并为一个单一的基线期,应该把初始的两个阶段在一张图中分别表示出来]。一旦研究者开始实施调整过的或新的干预程序,他们就会面临多重处理干扰的问题(参见第 3 章)。也就是说,研究者不能明确观察所得的行为变化完全是由调整过的或新的干预引起,还是初始干预与调整过的或新的干预二者**共同作用**所致。

另一个策略就是先**移除**(withdraw)最初的干预,让行为表现回归到基线期水平,随后实施调整过的或新的干预(见图 6.4)。这样可以在实施新干预之前清除前一干预的影响,在一定程度上控制多重处理干扰的作用。尽管在这样的情况下,研究者不可能完全剔除交叉干预带来的影响,但这种方法是一种更为切实可行的替代策略(Kazdin, 1982)。

A-B 设计的一个固有缺陷就是内部效度的缺失,因此研究者需要一个更为严谨的实验设计来剔除引起目标行为变化的其他可能性。最简单的方法就是反复将被试在基线期的行为(A)与干预期的行为(B)相比较,移除和倒返设计为研究提供了实现这一目标的机制。

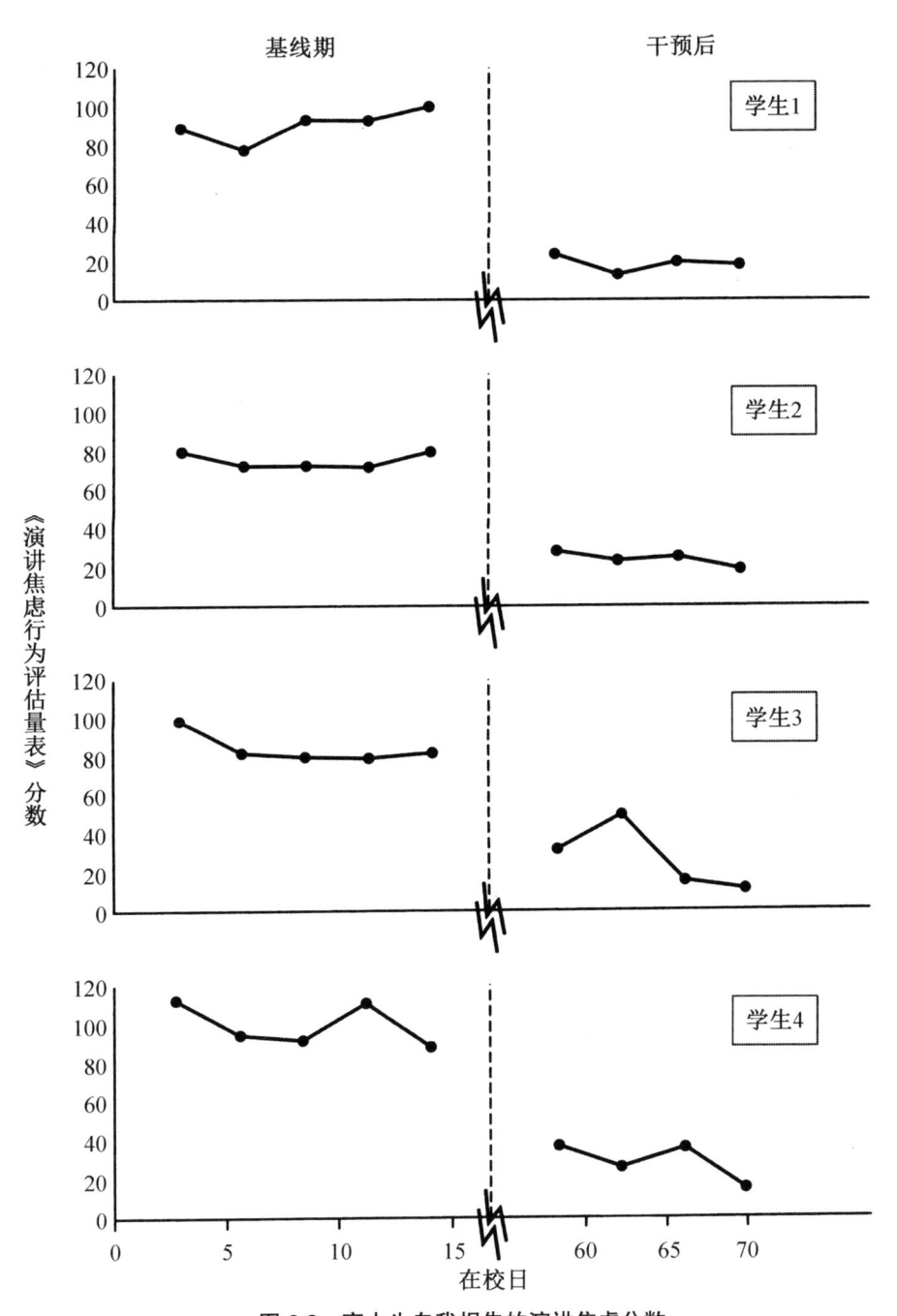

图 6.2　高中生自我报告的演讲焦虑分数

资料来源：Rickards-Schlichting, K. A., Kehle, T. J., Bray, M. A.(2004). A self-modeling intervention for high school students with public speaking anxiety. *Journal of Applied School Psychology*, vol. 20, p. 56. 版权归霍沃思出版社所有，同意翻印。

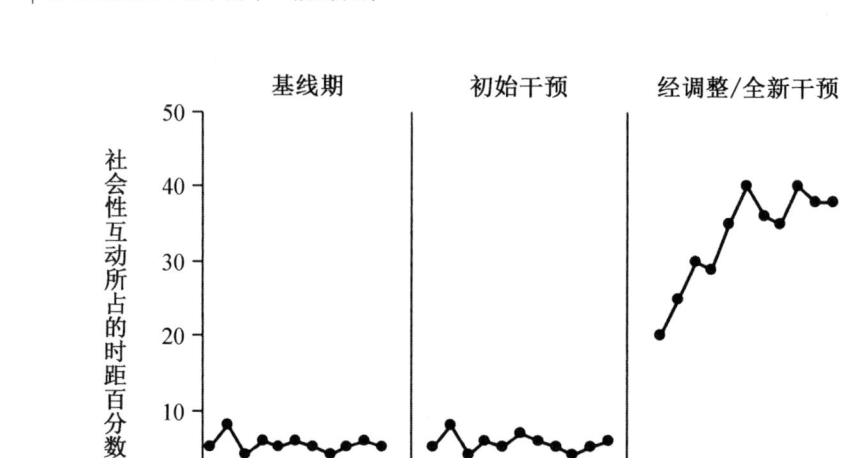

图 6.3　一个假设案例，初始的干预没有起到效果，随后介入调整的或新的干预

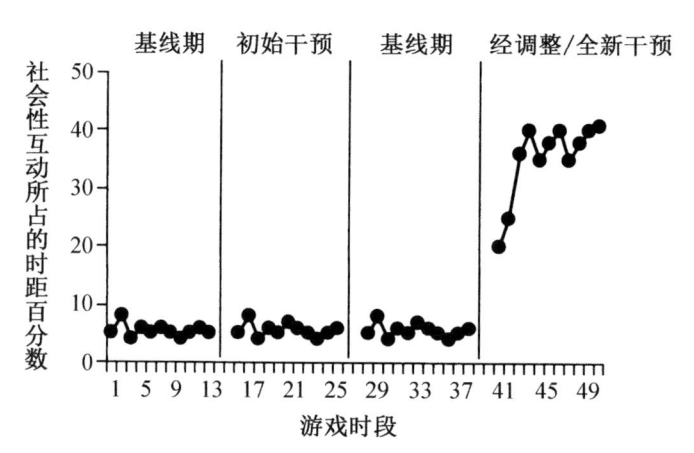

图 6.4　一个假设案例，初始的干预没有起到效果，随后返回到基线期，然后介入一个调整的或新的干预

移除设计

移除设计的目的是记录干预的介入能否持续导致被试行为的变化，表 6.2 总结了移除设计的主要特征。最为常见的移除设计是 A-B-A 设计和 A-B-A-B 设计，在下文中我们将会详细介绍这些设计的优缺点。

表 6.2　移除设计的主要特征

移除设计	
目的	证实行为与干预之间存在功能关系。
主要特征	对单个被试的目标行为反复介入和移除干预。
设计优势	研究者可以控制 A-B 设计中威胁其内部效度的因素；证明单个被试研究的实验控制性。
设计劣势	不适宜形成新的（不可逆的）行为；移除干预可能为研究者带来伦理道德问题；不能完全控制远端变量（distal variables）对目标行为的影响。

A–B–A 设计：展示实验控制性

如果在 A-B 个案研究设计之后加入第二个基线期，形成基线期–干预期–基线期系列设计（即 A-B-A 设计），那么就能进一步证明实验控制性或功能关系。此设计可以在第二个时间点上证明行为发生了变化（也就是从干预期情景返回到基线期情景）。这并不意味着能够满足前面所说的可以证明功能关系的"黄金准则"（三个时间点上行为均发生变化，Horner et al., 2005），但是这种设计的控制性还是比个案研究设计更进一步。移除干预并回归到基线期，这种设计可以让研究者控制一些威胁实验内部效度的因素（如历史效应、成熟效应、测量误差）。

在一项关于"科罗拉多州居民保护项目（COPP）"两个城市间的研究中就运用了这种设计（Lavelle, Hovell, West, Wahlgren, 1992）。研究者收集了警察给不使用儿童安全座椅的司机开罚单的频数信息，以此作为基线期数据，然后对其中一个城市的警察进行了培训，培训内容为介绍安全座椅的重要性，以及如何使用安全座椅以减少意外伤亡事故。随后研究者为警察提供了票券，警察在开具罚单时同时给司机一张券。这些票券可以积攒起来换取一个免费的安全座椅并免除 50 美金的罚款。在实施几个月之后，由于城市规划和警察局人事的调整，干预暂停，由此形成了 A-B-A 比较。每个月警察开具罚单数量的数据如图 6.5 所示。这些数据清楚地表明在干预实施之后，警察接受培训的城市（格里利城）的罚单数量明显上升，而当干预结束后罚单数量迅速下降。此外，在此研究中另一个没有实施干预的城市（大章克城）的罚单数量比较低且维持在稳定水平，这更能说明实施干预的城市的罚单数量增加与干预有关。

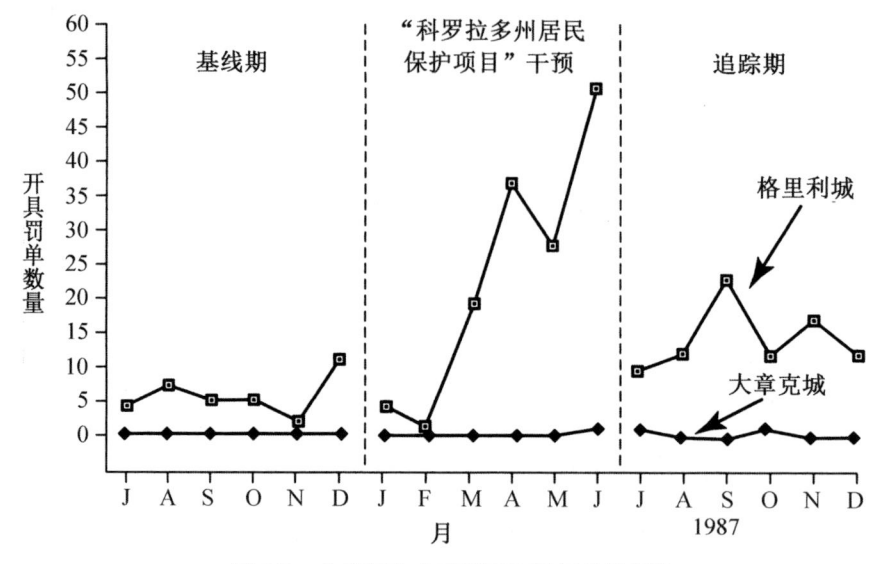

图 6.5　未使用安全座椅而开具罚单的频数

资料来源：Lavelle, J. M., Hovell, M. F., West, M. P., Wahlgren, D. R. (1992). Promoting law enforcement for child protection: A community analysis. *Journal of Applied Behavior Analysis*, vol. 25, p. 888. 版权归实验行为分析协会所有，同意翻印。

A-B-A 移除设计研究的实施

前几章中我们已经介绍了所有单一被试研究设计需要考虑的问题，设计和实施 A-B-A 移除设计时需要考虑的基本问题也与此相似。A-B-A 设计与 A-B-A-B 设计的实施步骤基本类似，下文会做进一步阐述。尽管 A-B-A 设计能够帮助研究者解决个案研究设计的一些问题，但在具体设计和实施时还需要考虑其他问题，包括行为的可逆性以及基线期结束后研究的伦理道德问题。

行为表现的可逆性

A-B-A 设计（及其延伸 A-B-A-B 设计，见下文）的一个核心问题就是行为表现是否具有可逆性（reversibility）。也就是说，当第二个基线期（A）的干预撤除之后，被试的行为表现就会因此变化吗？正如前文所述，行为的每一次从基线期到干预期（或反之）的表现变化都必须显著，才能证明实验控制性（即功能关系）。在有些情况下，这些变化可能不会发生。例如，研究者教会一组五年级的学生使用某种策略去解答多项式数学题。只要他们经过训练后能够熟练掌握这项策略，那撤销干预之后他们就不可能突然不会解答这类题目。因此当目标行为是掌握某种技能时，采用其他设计方法可能更为合适（如多基线设计，见第 7 章）。

有趣的是，移除设计需要证明的实验控制，在一定程度上与我们所期望从应用研究中取得的结果是相背离的。也就是说，临床研究者期望即使干预移除之后，干预的影响还是持续显著的。然而多年以来的行为研究表明，若事先没有相应的周密计划，研究者无法取得如此好的泛化和维持效果（Horner, Dunlap, Koegel, 1988; Stokes, Baer, 1977）。

以移除阶段作为研究终点需考虑的伦理道德问题

从临床和伦理道德的角度而言，在基线期被试的行为表现与开始研究时相比并无明显改善时，结束研究是不太恰当的，这也就解释了为什么这样的设计在应用文献中很少出现。可以想象，大部分教师、家长和被试并不希望结束一个与初始阶段相比，行为并无明显改善的项目。临床或应用研究者需要遵循这样一条伦理原则，即如果干预被证明是有益的，那么在研究结束之前要能保证被试正在接受此项干预（Bailey, Burch, 2005; Barlow, Hersen, 1984）。

A–B–A–B 移除设计：一个完整的实验设计

在 A-B-A-B 设计中，研究者为了复制第一次干预对目标行为产生的效果，在实验程序中又实施了一个额外的干预环节（B）。如前文所述，许多单一个案研究设计包括一小群被试。然而采用 A-B-A-B 序列设计可以在只有一个被试时证明功能关系。这一设计假定在干预实施和撤离的每一个时间点，行为都出现清晰的变化。要实施一个完整的实验设计并展示出在三个不同时间点的实验控制，就需要在第三个基线期移除干预，随之重新介入干预（也就是 A-B-A-B-A-B 设计，Horner et al., 2005）。

A-B-A-B 设计的一个范例是另一项关注前文所述的及时转换游戏的另一种应用（Campell & Skinner, 2004）的研究（Yarbrough, Skinner, Lee, Lemmons, 2004）。这项研究关注的是二年级中 15 名学生午饭结束后回到班级的衔接情况。当学生在规定的标准时间完成转换时，就会得到奖励。图 6.6 展示了学生每天在转换时所用的秒数。从图中 B 阶段的数据可以看出，在开展及时转换游戏时，学生在活动转换时所需的时间大幅减少。在这一研究中，研究者在第一个干预期 B 结束之后又进行了阶段 A 和阶段 B 的复制，形成了 A-B-A-B-A-B 序列设计。

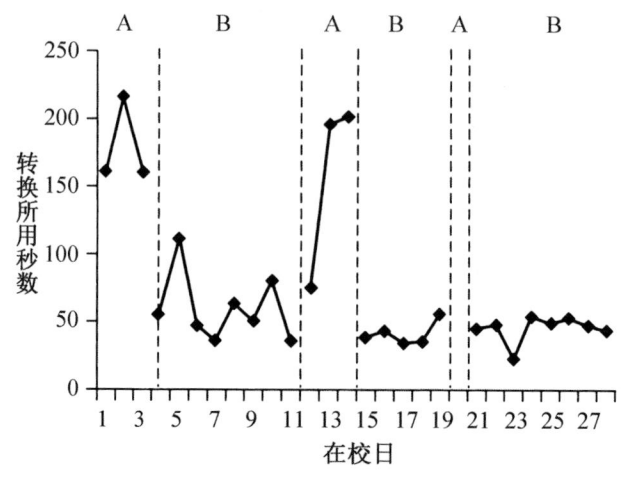

图 6.6　每日转换次数

资料来源：Yarbrough, J. L., Skinner, C. H., Lee, Y. J., Lemmons, C. (2004). Decreasing transition times in a second grade classroom: Scientific support for the Timely Transitions Game. *Journal of Applied School Psychology*, vol. 20, p. 97. 版权归霍沃思出版社所有，同意翻印。

另外一个 A-B-A-B 设计的范例是对三名接受日间精神治疗的学生参与课堂情况的一项研究（Rasmussen, O'Neill, 2006）。这三名学生存在着语言干扰行为（如不举手就大声说话），这种行为影响了教师的教学活动。研究初始阶段的功能性行为分析（O'Neill et al., 1997）表明，学生出现这种行为是为了获得社会性关注，尤其是教师的关注。在最初的基线期，研究者收集了语言干扰行为出现时距所占的百分比。干预策略包括**非依联式**（noncontingent）或**固定时间强化程序**（Arnzen, Brekstad, Holth, 2005）。该方法是指不论被试的问题行为出现与否，持续、定时给予其强化，这样就**预先**满足了需要通过问题行为才能得到的强化。在干预的初始阶段，研究者根据被试的问题行为在基线期出现的频率，给予了被试比他自身所期望得到的更为频繁的强化（Rasmussen, O'Neill, 2006）。

图 6.7 中的数据展示了这三名学生的语言干扰行为时距所占的百分比，可以看出在最初的干预期，三名学生的语言干扰行为的频率都很高。当教师使用固定时间强化（fixed-time reinforcement, FTR）给予其社会性关注和互动之后，学生语言干扰行为的频数大幅度减少，在此之后的基线期和固定时间强化期的复制都取得了类似的效果。在最后一个阶段中定时强化的频率逐步减少（如每隔 60～90 秒给予强化，而不是每隔 10～20 秒给予强化），直到学生终止日间治疗课

程，问题行为发生的频率仍然保持在较低水平。在此需要注意的一点就是，三名学生参加日间治疗课程的时间点不同，彼此之间没有重叠，这使得干预效果不仅能在 A-B-A-B 设计中被证明，同时在跨被试、跨时间情境中也能被证明其有效性（Kazdin, 1982）。

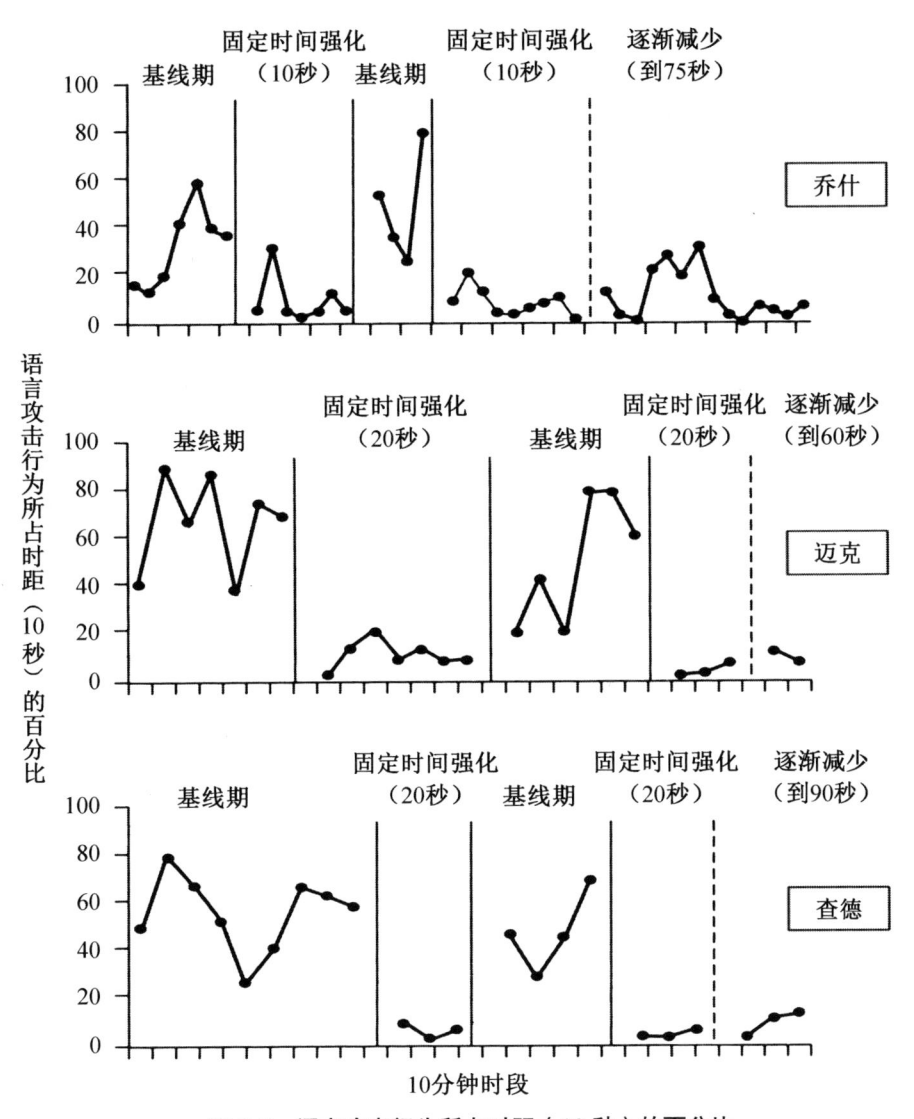

图 6.7 语言攻击行为所占时距（10 秒）的百分比

资料来源：Figure 1 from Rasmussen & O'Neill, The Effects of Fixed-time reinforcement schedules on problem behavior of children with emotional and behavioral disorders in a day-treatment setting—*JABA*, 2006, vol. 39, p. 455. 同意翻印。

A–B–A–B 移除设计的实施

研究小贴士 6.1 介绍了实施 A-B-A-B 设计需要遵循的基本步骤，其中一些步骤的具体实施方法在第一章到第五章中都已详细说明。前文所讨论的目标行为的可逆性同样是 A-B-A-B 设计需要注意的一个问题。研究者在反复介入和撤离干预时可能会遇到一个潜在问题，即被试的行为表现并不能完全返回到初始基线期水平。这可能是由于实验情境中无关刺激所致，如教师、实验材料或干预实施的地点，这些因素在重复实施干预时都有可能作为区辨刺激（discriminative stimulus）来改善行为。研究者通常认为，为了确保实验控制性，行为表现并不需要一定回归到初始的基线期水平。然而在每次移除和重新介入干预时，还是需要观测被试持续的行为变化。

> **研究小贴士6.1　A–B–A–B（A–B–A）设计实施清单**
>
> ✓对因变量及其测量做出操作性定义。
> ✓对干预方法做出操作性定义。
> ✓开始基线期（A）并收集数据，直到被试的行为表现趋于稳定；开始干预期（B），直到被试的行为表现趋于稳定。
> ✓移除干预，再次进入基线期（A）并收集数据，直到被试的行为表现趋于稳定。
> ✓再次介入干预（B）并收集数据，直到被试的行为表现趋于稳定。

A–B–A 和 A–B–A–B 设计的变式

为了证明实验控制，基线期和干预期可以采用不同于 A-B-A-B 的序列（Hayes, Barlow, Nelson-Gray, 1999）。例如，一项研究可以从干预期开始，随后是移除干预阶段，之后再次介入干预，即 B-A-B 序列设计。有人（Robinson, Newby, Ganzell, 1981）就采用了这样的实验设计，研究对象为班级中教师认为"过于活跃"的 18 名同学，研究目的是考量代币制对他们的阅读和词汇作业完成情况的影响。在 B 阶段或干预阶段，完成任务的学生会获得代币作为奖励，他们可以将这些代币换为玩弹球或电子"打击"游戏的时间（记住，在玩游戏之前获得代币！）。图 6.8 展示了全班作业完成情况的数据，从中可以看出代币制极大地增加了干预期作业完成的数量。值得一提的是，研究者还展示了一些学生的数据，表明代币制对这些学生的作用明显大于对其他学生的作用。

图 6.8 完成课堂作业次数

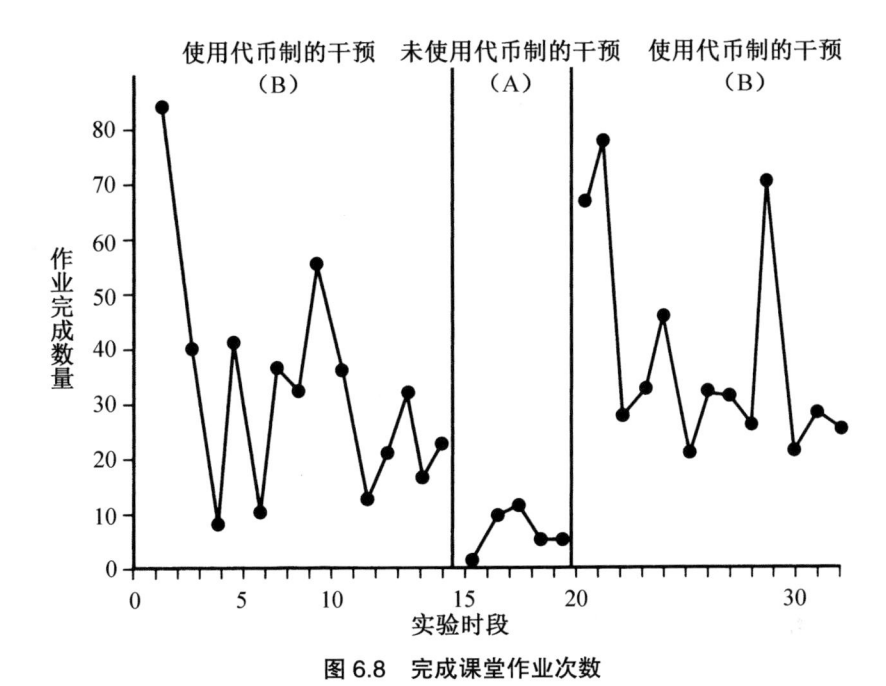

资料来源: Robinson, P. W., Newby, T. J., Ganzell, S. L. (1981). A token system for a class of underachieving hyperactive children. *Journal of Applied Behavior Analysis*, vol. 14, p. 311. 版权归行为实验分析协会所有，同意翻印。

  B-A-B 设计存在着一定的问题，它只包括基线期和干预期之间的两次转换，并不能够展示出在三个时间点上行为的变化（Horner et al., 2005），因此这种方法不能很好地证明实验控制性。但是，如前文所述，若有多个研究能表现出多个被试重复多次的复制效果，就能提高实验的内部效度。此外，这种方法以干预期为研究终点，对被试更为有益，从而具有伦理道德上的优势。

倒返设计

倒返设计的特点

  在教科书或其他专业文献中，**移除**和**倒返**这两个词语常常交替使用。然而，移除和倒返设计是两种完全不同的实验设计，研究者可以运用它们分别解答不同的研究问题。与移除设计不同的是，真正的倒返设计是通过干预方法在实验序列中的变换，并观察其对目标行为产生的不同影响，来比较两个或多个干预效果之间的不同。表 6.3 介绍了倒返设计的重要特点。在第一阶段（基线期或 A 阶段），研究者对目标行为进行反复测量。在第二阶段（B阶段）的第一次干预时对目标行为实施干预，直到建立起一个稳定的行为表现。在第二次干预时（C阶段），介入第二种干预并测量目标行为。理想的做法是，为了测量第一次和第二次干预对行为的不同影响，应再次改变介入顺序重新干预一次。早期有一项研究（Allen, Hart, Buell, Harris, Wolf, 1964）采用的就是这种设计，此研究的目的是考察学前班中成人的社会性注意对幼儿同伴社会互动行为的影响（见图6.9）。基线期数据展示了幼儿和同伴互动行为的比例。在第一个干预期，当幼儿偶然出现和同伴的互动行为时，老师就给予其积极的社会性关注，这种做法导致了幼儿互动比例的增加。在第三阶段并没有**移除**教师的表扬，而是当幼儿接近和关注**成人**时，老师才给予社会性关注。这种做法导致了幼儿与成人引导的互动行为的增加，同伴间互动行为的减少。在第四个阶段，老师**倒返**至先前的干预条件，当幼儿与同伴偶然产生互动时，老师给予其社会性表扬，这种情况下幼儿与同伴之间的互动行为再次增加。这种类型的操作能够有力地证明，成人的社会性表扬是影响儿童与同伴交往行为的一个有效变量。

表6.3 倒返设计的主要特征

	倒返设计
目的	比较两种或两种以上的干预对同一目标行为的影响。
主要特征	对一个研究对象的目标行为进行两次或多次重复变换干预。
设计优势	研究者可以比较多种干预的不同效果； 研究者可以在只有一个被试的情况下证明实验控制性。
设计劣势	不适宜建立新的（不可逆的）行为； 如果想要比较基线期和干预期的行为表现，就需要将基线期与互相连接的所有干预期的行为表现分别比较； 可能需要研究者控制顺序效应和遗留效应的发生。

倒返设计的实施

研究小贴士6.2介绍了设计和实施倒返设计需要遵循的一些步骤。需要指出的是，倒返设计序列从一个基线期开始，随后是两个干预阶段的反复交替介入（如A-B-C-B-C），但这样的设计并不能让研究者比较被试在基线期和两个干预期的行为表现。研究者只能比较被试在基线期（A）与第一个干预阶段（B）的行为表现，但不能将基线期（A）与第二个干预期（C）的行为表现进行比较，因为这两个阶段并不相连，因此研究者只能比较被试在第一个干预期和第二个干预期的行为表现。要想进行基线期与干预期行为表现的比较，就需要系统地引入基线期阶段。例如，研究者可以在每一个干预期之前加入一个基线期，随后再进行两个干预的反复交替介入（如 A-B-A-C-B-C-B-C）。这种设计既可以使研究者比较被试在基线期和两个干预期的行为表现，也可以比较被试在各个干预期中的行为表现。

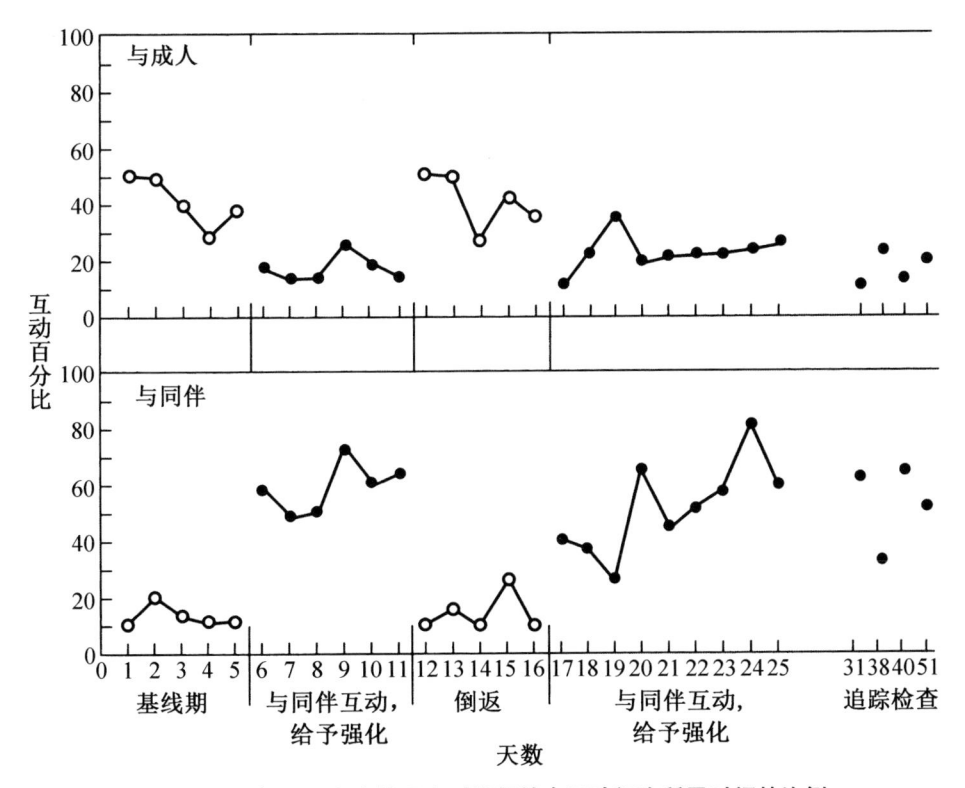

图 6.9 每天早上大约两小时进行社会互动行为所用时间的比例

资料来源：Allen, K. E., Hart, B., Buell, J. S., Harris, F. R., Wolf, M. M. (1964). Effects of social reinforcement on isolate behavior of a nursery school child. *Child Development*, vol. 35, p. 515. 版权归儿童发展研究会所有，同意翻印。

研究小贴士6.2　倒返设计实施清单

- ✓ 对因变量及其测量做出操作性定义。
- ✓ 对干预方法做出操作性定义。
- ✓ 开始基线期（A）并收集数据，直到被试的行为表现趋于稳定。
- ✓ 开始干预期（B）并收集数据，直到被试的行为表现趋于稳定；开始第二个干预（C）并收集数据，直到被试的行为表现趋于稳定。

倒返设计的变式

倒返设计的一种变式就是采用**非依联强化**（noncontingent）或**独立于反应**（response-independent）的强化（有时候也被称为**固定时间强化**，Thompson & Iwata, 2005）。这种设计中的强化贯穿干预期始终，但强化给予方式各不相同，有些类似于前文所提到的移除方法。早期进行的一项研究（Hart, Reynolds, Baer, Brawley, Harris, 1968）采用了这种设计方法，该研究是考察一个叫玛莎的孩子在学前班中的合作性游戏行为（见图 6.10）。研究者在第一个基线期评估儿童的同伴游戏的一般频率。在接下来的阶段，教师给予社会性关注和认可，但是阶段性随机提供的，也就是说并不根据某一个具体的游戏行为提供。在下一阶段，教师继续提供关注和认可，但是必须当玛莎参与同伴间的合作性游戏行为时才提供。最后两个阶段反复实施了非依联强化和依联强化两种机制。数据清楚地显示出只有**依联强化机制**才能引起玛莎游戏行为的增加。

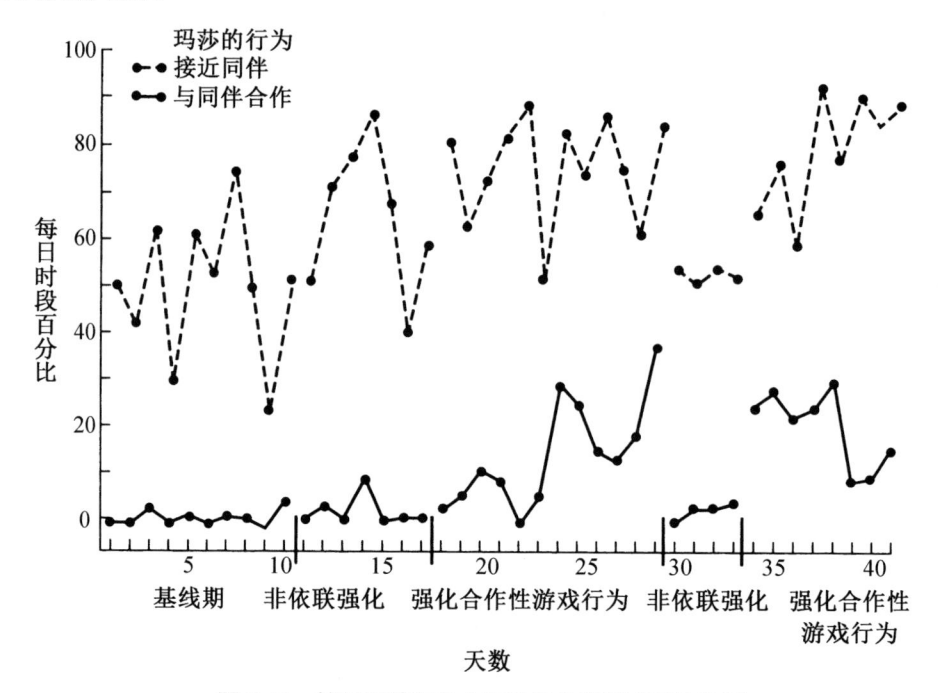

图 6.10 接近同伴和社会互动行为所用时间的比例

资料来源：Hart, B. M., Reynolds, N. J. Baer, D. M., Brawly, E. R., Harris, F. R. (1968). Effects of contingent and non-contingent social reinforcement on the cooperative play of a preschool child. *Journal of Applied Behavior Analysis*. vol. 1, p. 75. 版权归行为实验分析协会所有，同意翻印。

结束语

　　移除和倒返设计弥补了个案研究或 A-B 设计内部效度不足的缺陷。移除设计（A-B-A-B）使得研究者能够比较被试基线期与干预期行为表现的差异，通过反复介入和移除干预来证明实验控制性。需要注意的是，在移除干预之后，目标行为能大致回归到初始基线期水平，因此移除设计需要目标行为具有可逆性。

　　倒返设计能够让研究者比较两种干预方法对同一个目标行为产生的不同影响，其目的在于寻找最为有效的干预方法。这种设计在初始基线阶段之后倒返两个干预期，会限制研究者比较被试在干预期与相应的基线期之间的行为表现，这一缺陷可以通过在每一个干预期倒返之前分别加入基线期来弥补。倒返设计更容易受到干预顺序效应和遗留效应（carry over effects）的影响，针对这些问题的解决策略将在以后的章节中讲述。

第7章 多基线和多探测设计[1]

第6章介绍了移除和倒返（A-B-A-B）设计，然而在某些情况下，移除和倒返设计并不能恰当、有效地证明行为发生的变化。比如当研究目的是促使被试习得新技能时，采用这种设计方法就可能不太合适（Alberto & Troutman, 1995; Cuvo, 1979; Datillo, Gast, Lowy, Malley, 2000; Hersen, Barlow, 1976; Kratochwill, 1978; Martella, Nelson, Marchand-Martella, 1999; Murphy & Bryan, 1980; Tawney & Gast, 1983）。在一项研究（Johnston, McDonnell, Nelson, Magnavito, 2003）中，研究者评估在学前融合环境中教师使用扩大和替代沟通（augmentative and alternative communication, AAC）干预策略对教导功能性沟通技能的影响。如果研究者选择了移除设计（A-B-A-B 设计），那么他们可能无法证明干预策略的有效性，因为目标行为一旦被习得，在移除阶段并不能返回其基线期的水平。

此外，如果将被试的行为返回至基线期水平是不合伦理且令人厌烦的，那么这种情况下也不适合使用移除或倒返设计（Alberto, Troutman, 1995; Cuvo, 1979; Datillo et al., 2000; Hersen & Barlow, 1976; Kratochwill, 1978; Martella et al., 1999; Murphy & Bryan, 1980; Tawney & Gast, 1983）。例如，研究人员评量一种基于评估的干预策略对一名8岁残疾儿童挑战性行为（challenging behaviors）的影响（Vaughn, Clarke, Dunlap, 1997）。如果研究者采用移除设计（A-B-A-B 设计），就意味着需要在移除期撤离干预，而移除干预就有可能导致被试挑战性行为频率的增加。在很多时候，创设引起挑战性行为发生频率增多的环境是令人反感且不道德的。此外在应用情境中，教师、家长和其他看护者并不愿意看到在挑战性行为逐渐减少的时候，又要返回原有的状态。

当目标行为是使被试获得某项技能，或将被试的行为表现返回至基线期水平这一做法遭到反对时，研究者可能会考虑使用其他方法，而放弃使用 A-B-A-B

---

[1] 本章由犹他大学的苏珊·约翰斯顿（Susan M. Johnston）撰写。

设计。这些替代方法包括多基线设计和其他变式。本章将介绍这些设计的特征、基本的实施步骤，并从应用研究文献中选取案例来说明这些设计是如何运用的。

多基线设计的特征

由于多基线设计（multiple baseline design）不需要将行为返回至基线期水平，因此避免了移除设计存在的很多问题，并且在多基线设计中研究者会跨越时间和条件（如跨被试、跨行为和跨情境）介入干预。在多基线设计中，每一条件下的基线期都在同一时刻开始，但介入干预时间点却各不相同。表7.1总结了多基线设计的主要特征。图7.1举例介绍了对同一被试的三种不同行为交错进行干预。三个行为的基线期都同时开始并收集数据，直到行为表现全部趋于稳定为止。随后首先对行为1开始干预，这时行为2和行为3仍然处于基线期。只要行为1建立起干预效果，就开始对行为2进行干预，此时行为3仍处于基线期。同样，当行为2建立起干预效果，随即对行为3进行干预。实施多基线设计时，展示干预介入之后行为发生变化的数据非常重要。因此，行为2和行为3的基线期数据在干预介入之前都必须保持稳定（Cuvo, 1979; Drew & Hardman, 1985; Halle, Stoker, Schloss, 1984; Kazdin, 1982; Kratochwill, 1978; Rubin, Babbie, 1993; Tawney, Gast, 1983）。在三个不同的时间点上对三个不同行为连续介入干预，使得研究者能够证明实验控制性（Horner et al., 2005）。

表7.1 多基线设计的主要特征

	多基线设计
目的	通过不同情况下（如行为、被试或情景）效果的复制来证实行为与干预之间存在功能关系。
主要特征	研究者同时收集三种不同情况下的基线期数据，并在行为表现稳定之后依次系统地介入干预。
设计优势	不需要移除或倒返干预，因此适用于新行为的建立；使得研究者能够证明不同情况下的实验控制性。
设计劣势	需要对所有情况下的行为表现同时进行测量；延长基线期和干预期可能会危害实验控制性；不能对潜在的危害性行为进行及时干预。

多基线设计与其他设计相比较为突出的优势就是一次只对一种情况（如行为）进行干预。这种设计对干预者（如教师、家长、照看者）来说可能更为简单，因

为它能够让干预者在第一种情况下实施干预时得到锻炼，这样在随后的情况中干预者就会更为娴熟地实施干预（Halle et al., 1984; Kazdin, 1982）。此外，因为在一个时间点上干预者只对一种情况实施干预，这样研究者可以对干预方法做出必要的调整，从而提高后续阶段的干预效果（Halle et al., 1984; Kazdin, 1982）。

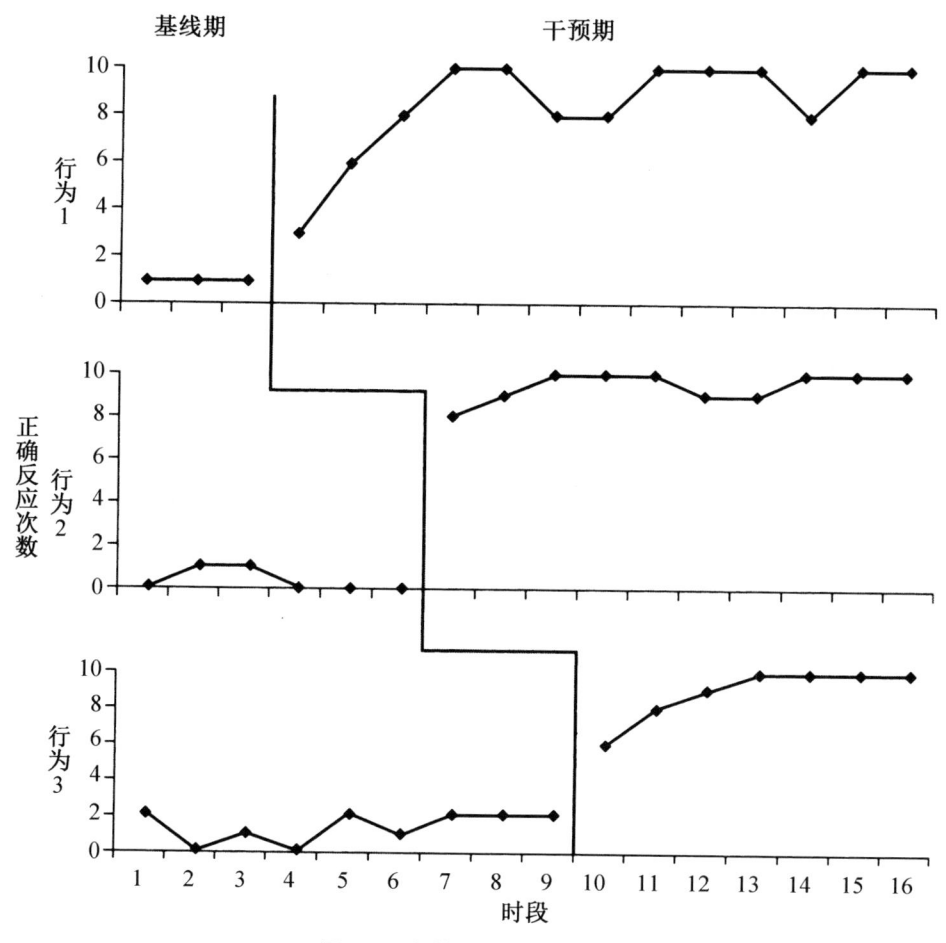

图 7.1 多基线设计的基本模式

到目前为止，我们只介绍了多基线设计在跨行为情况下对干预效果的评估。然而，这种设计还可以使研究者在其他情况下评估干预效果，如跨被试和跨情境。表 7.2 中提供了多基线设计的一些例子，并比较了三种不同情况下设计的异同点。跨行为多基线设计考察的是干预在同一情境中对同一个体两个或多个行为的影响。跨被试多基线设计考察的是当目标行为和发生情境不变时，干预对两个或多个被试的影响。最后，跨情境多基线设计考察的是干预在两个或多个情境中，对同一个被试和目标行为的影响。

表 7.2 多基线设计的三种常见变式

两个或多个不同的	相同的	相同的	举例
行为	被试	情境	评估同一强化方法对特里服从四种不同指令的影响（四种指令分别为：过来，坐下，站起来，走到门口），在 10:00—10:30 自由活动时收集数据。
被试	行为	情境	评估一种强化方法对三名学生服从"走到门口"这一指令的影响。每个被试在早上休息之前接受每天一次的干预。
情境	行为	被试	评估一种强化方法在对杰里服从"去门那里"这一指令的影响。教师在一天之内的三个不同时间点(早上休息之前，下午休息之前和放学之前) 对学生进行干预。

资料来源：Halle, J., Stoker, R., Schloss, P. (1984). Facilitating teacher-conducted research: A tutorial on single-subject design—the multiple baseline. *The Volta Review*, 86(2), 89-101.

多基线设计的实施

虽然干预方法、被试、行为和情境各不相同，但多基线设计的基本的实施步骤是类似的。研究小贴士 7.1 总结了设计和实施多基线设计时需要遵循的基本步骤。然而研究者在具体运用时，还需要考虑一些其他特别的问题。

各情况间相互独立

如前文所述，多基线设计适合于把同一个干预运用在不同情况中（如行为、被试和情境）的研究，但是研究者必须保证这些情况是相互独立的（Cuvo, 1979）。如果行为、被试或情境间不相互独立，研究者将干预效果泛化到那些未经处理的情况中时就会受到质疑。

例如，假设研究者想要教会一名残疾学生通过点击沟通板上的图片来选择三种不同的食品（如汉堡包、薯条和牛奶）。在这种情况下，研究者可能发现只要学生学会了如何点汉堡包，这一技能就会泛化，即学生也学会了选择其他食品（如薯条、牛奶）。同样，在跨被试的研究中泛化也会出现在未经干预的个体上。例如，设想研究者想教班中三名中度认知发展迟缓的学生通过举手来获取老师的关注。在这种情况下，研究者可能发现对一名学生的举手行为进行强化，可能会导致其他没有接受干预的学生举手行为的增加。最后，在跨情境的研究中泛化也可能出现在未经干预的情境中（如不同的时间和场所）。假设研究者想教一名患有注意力缺陷的学生在三种不同的情境中（如午饭时、在公共汽车站、电影院等）学会排队等待，而不是直接插队。在这种情况下，研究者可能发现对一种情境中（如午饭时）问题行为的干预，也可能减少其他情境中的问题行为（如在公共汽车站、电影院）。

如果从教育的角度来考量，以上泛化带来的结果都是积极的。然而对于研究者来说，当干预效果泛化到未经处理的情况中，就不能清楚地证明干预与行为之间存在功能关系，干预可能就是无效的。因此，为了证明实验控制性，研究者必须要确定不同行为、被试、情境间相互独立。

> **研究小贴士7.1　多基线设计实施清单**
>
> ✓ 明确至少三个相互独立、功能相似的情况（如被试、行为、情境）；
> ✓ 对因变量及其测量给出操作性定义；
> ✓ 对干预方法给出操作性定义；
> ✓ 三种情况下同时开始基线期（A）并收集数据，直到行为表现趋于稳定；
> ✓ 对情况1开始进行干预（B），直到行为表现趋于稳定，此阶段需要继续收集情况2和情况3的基线期数据；
> ✓ 对情况2开始进行干预（B），直到行为表现趋于稳定，此阶段需要继续收集情况1的干预期数据及情况3的基线期数据；
> ✓ 对情况3开始干预（B），此阶段需要继续收集情况1和情况2的干预期数据。

各情况功能相似

尽管在多基线设计中研究者需要保证各情况间相互独立，但还需要注意的一点是各情况必须足够相似，以便干预效果的复制。然而，到目前为止并没有经过实验证实的策略能够保证这一点，干预实施的情况不同，解决方法也不同。例如，在一个跨被试多基线设计中，研究者想要挑选一些有相似学习和行为特征的被试，就可以通过设置具体的被试挑选标准来达到这一目标。同样的，在另外一个跨行为多基线设计中，研究者需要选择表现相似且有相同难度的行为。例如，为了考量一种教学策略对常用词阅读能力习得的影响，研究者想选择具有相似阅读难度和复杂程度的刺激性材料，这就需要根据具体年级水平的阅读清单，来选择常见词。

实验阶段的延长

最后也是最重要的一点是，在实施多基线设计时，需要在某种情况下延长干预介入前的基线期，或延长干预时间。有些研究者认为延长基线期可能会造成被试行为的彻底消失（Cuvo, 1979; Horner & Baer, 1978）。例如在一项研究中，研究者想要考察某一干预系统（包括前事提示策略，如示范、口头提示；后果控制策略，如社会性表扬）对增加被试在三种不同活动（如午饭、数学课、社会研究）参与度的影响。由于社会性表扬是干预系统的一个组成部分，所以在基线期中被试参与活动时研究者不能给予其社会性表扬。因此，若被试在基线期碰巧参与了一项或多项活动，而这种行为由于没有得到强化，则实际上相当于是被遏制了。更为严重的是在第三种（或第四种、第五种）情况下，随着基线期的延长，行为慢慢会开始消失。因此在这个例子中，干预系统不仅仅要能够改变目标行为（如促进参与性），还要能使基线期消失的行为重新出现。

此外还有一个问题是，当被试长时间地等待其他情况中的行为接受干预时，被试本身还一直处于干预期，这种情况下被试的行为表现可能由于适应了干预而其改善开始减速。若研究者想要考察干预对发展性障碍学生视觉词语阅读的影响，可以在三年级高频单词表中选取三组视觉词汇。传统的设计方法是研究者在对被试进行第二组和第三组词汇的干预时，第一组词汇的干预还在持续进行，这样很容易出现的结果就是被试已经掌握，但由于对重复展示的资料感到厌倦，他们的行为表现就会发生变化或其改善减速。为了避免这个问题的出现，研究者在设计时可以通过控制行为的难度、复杂程度以及数量来保证目标行为能够被迅速习得。在有些情况下，这样做是很难的，因此，研究者就必须考虑使用其他设计方法来解决这些问题。

多基线设计的变式

多探测设计（multiple probe design）是多基线设计的一种变式，这种设计可以用来解决基线期和干预期延长所带来的问题（Horner & Baer, 1978; Murphy & Bryan, 1980）。如前文所述，当实施多基线设计时，研究者需要同时收集所有情况下的数据，这就意味着研究者会收集到很多第二种情况下基线期的数据，而第三种情况下基线期的数据就更多了，同时还意味着研究者将会收集到非常多的基线期数据，来证明第一种情况中干预的有效性（同时收集第二和第三种情况基线期和干预期的数据）。此外，在应用情境中延长期的数据收集也可能存在问题，还需要花费大量的时间去证实。

与多基线设计中数据收集方法不同的是，在多探测设计中并不是在所有情况下同时收集数据的。相反，探测数据是在基线期和干预期间歇性地被收集，从而记录行为表现情况，这样研究者可以比较不同情况下的行为表现。表 7.3 列出了多探测设计的主要特征。这一设计非常适用于研究者能够对基线期数据的稳定性作出假设的情境，包括：①基线水平低；②没有干预时目标行为不会出现；③因变量一般只会在训练后发生依联性的进步（Cuvo, 1979; Horner & Baer, 1978）。

表 7.3　多探测设计的主要特征

多探测设计	
目的	通过不同情况下（如行为、被试或情境）干预效果的复制来证明行为与干预之间存在功能关系。
主要特征	研究者同时收集三种不同情况下的基线期数据，并在行为表现趋于稳定之后依次系统地介入干预。
设计优势	不需要移除或倒返干预，因此适用于新行为的建立； 使研究者能够证明不同情况下的实验控制性； 不需要持续不断地测量，因此避免了延长实验阶段所产生的问题。
设计劣势	间歇性探测可能不能为实验控制性的证明提供充足的数据； 间歇性探测可能增加与观察者反应有关的问题； 不能对潜在的危害行为进行及时干预。

图 7.2 体现了多探测设计的一个基本模式。开始时，研究者对三种情况下的基线期水平都进行了一次探测，其中对情况 1 基线期的探测一直持续，直到行为表现趋于稳定为止，对情况 2 和情况 3 不再进行额外探测。随后对情况 1 介入干预，此时研究者对情况 2 和情况 3 再进行一次探测。为了考察被试行为的维持效果，在情况 1 处于干预期时仍然接受规律性探测（但频率逐渐减少）。对情况 2 的探测仍在继续，直到情况 2 的行为表现趋于稳定为止，这一阶段不再对情况 3 进行探测。接着对情况 2 进行干预，此时研究者对情况 3 再进行一次探测，同时对情况 1 干预期的探测仍在进行。这一模式一直延续到干预完所有的情况。为了建立起基线期稳定的行为表现，研究者在每种情况中至少实施三次基线期探测，这样有助于研究者证明干预与被试行为变化之间的功能关系。还有一点非常重要，即在干预介入之前要对每种情况下的基线期数据同时进行一次探测，这能让研究者比较不同情况下被试的行为表现。

多探测设计的另外一个变式是平行处理设计（parallel treatment design, Gast, Wolery, 1988）。这种设计的特点是存在两个同时进行的多探测设计，其目的是考察在三种不同情况下，一种或多种干预方法对两个独立行为的影响（Holcombe, Wolery, Gast, 1994）。平行处理设计特别适用于这样的研究问题，即比较不同的干预方法对建立被试新行为（不可逆的）的有效性。例如，研究者（Ault, Gast, Wolery, 1988）采用了平行处理设计来比较渐进时间延迟法（progressive time-delay）和恒定时间延迟法（constant time-delay）对教导发展障碍学生识别社区标志的作用。12个标志被分成了6对供学生学习，其中3对采用渐进时间延迟法进行教学，另外3对采用恒定时间延迟法教学。然后研究者将所有词汇按干预方法配对（即将采用渐进时间延迟法的一对词汇和采用恒定时间延迟法的一对词汇分为一组），共形成三个配对组，并对三组逐步介入干预。结果显示，两种干预方法都能有效促进目标行为的习得，但是就学生掌握技能所需要的回合次数而言，恒定时间延迟法更为有效。

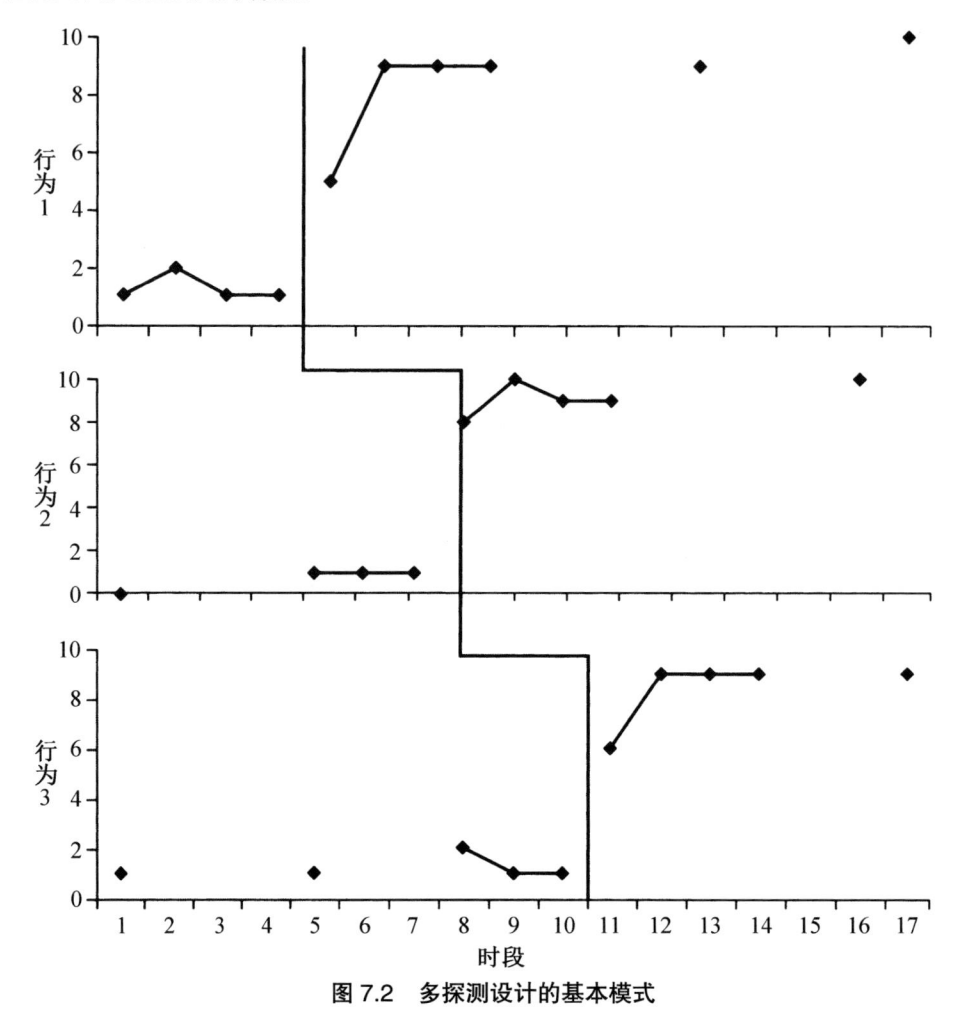

图 7.2 多探测设计的基本模式

资料来源：Halle, J. W., Stocker, R. G., Schloss, P. J. (1984). Facilitating teacher-conducted research: A tutorial on single-subject design—the multiple baseline. *The Volta Review*, vol. 86(2), p. 97. 经亚历山大·格拉汉姆·贝尔聋与重听协会同意翻印 (www.agbell.org)。

这种设计在至少三对互相匹配的目标行为上采用推迟介入时间的形式，将一系列的基线期探测转变为干预期探测（图7.3）。通常对因变量的测量是通过一个事先决定好的探测时刻表进行数据收集的。在初始的基线期，所有目标行为的探测数据都需要收集起来。当第一个配对组的基线期数据稳定之后，就对其介入一项干预或多项干预。在干预期，研究者收集第一个配对组目标行为表现的数据，而不收集其他配对组的目标行为数据。干预持续进行，直到被试达到在研究之前所设定的行为标准为止。这时，研究者对所有的配对组的目标行为进行探测。在第二次探测之后，随即对第二个配对组介入干预，研究者收集这一配对组目标行为的数据，直到被试达到预先设定的行为标准为止。此时并不收集第一个配对组干预期的数据和第三个配对组基线期的数据。此后针对全部六个行为进行第三次探测，在干预介入所有配对小组之前，探测和干预都将持续进行，最后对所有行为进行一次探测，之后研究便结束了。

实施多探测设计

设计和实施多探测设计的步骤其实和多基线设计的步骤是一样的，在设计多探测设计的时候，也需要考量之前所提到的与多基线设计相同的问题。然而，多探测设计还有两个独特的问题需要研究者注意。

有限的基线期数据

虽然多探测设计能够减少基线期数据收集的频数，但是有限的基线期数据可能无法使研究者在基线期确立稳定的行为表现（Strain & Shores, 1979）。例如，当使用多探测设计时，研究者可能无法根据对被试错误反应的发展趋势的观察来调整干预。比如，在一个研究中，研究者想要考察一种干预方法对重度残疾学生的影响，具体干预为教会学生在见到两类物品时（一类是喜欢的，另一类是中性的）选出自己喜欢的物品，研究者采用了多探测设计。基线期的探测数据显示，当呈现给被试两类选择物时，他们不能够选择自己喜欢的物品。然而基于该设计的特点，研究者实施的探测次数有限，他们无法发现被试错误反应发展的趋势（如不论是何种选择物，被试总是选择右侧物品），所以他们并没有调整干预方法（如随机摆放两类选择物）。结果证明他们的干预不是很有效。总之，如果研究者能够观察出错误反应的发展趋势，或者他们对被试表现出来的行为模式有所怀疑，那么多探测设计可能不适合这类研究。

图 7.3 平行处理设计的样例

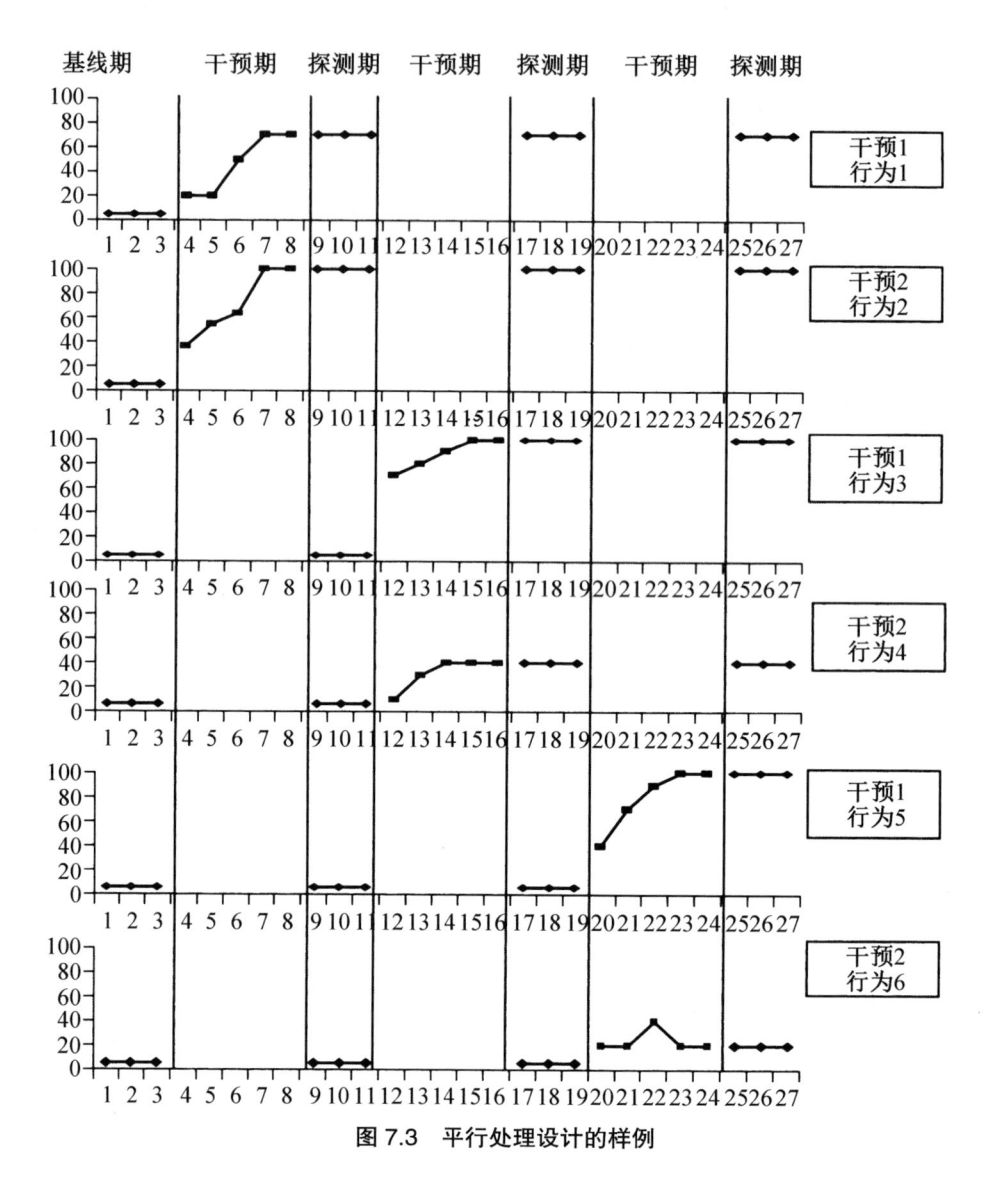

观察反应性

观察反应性（observational reactivity）是指行为的改变仅仅是由于观察行为和收集行为数据引起的。在多基线设计中，延长基线期和干预期可能使观察反应性完全显示出来，也可能会使反应性消失（因为被试习惯于被观察了）。在多探测设计中，基线期评估的有限性可能会增加潜在观察反应性的出现概率，并将其带入干预中（Strain & Shores, 1979），这样会干扰干预的效果。若研究者担心存在观察反应性，可能就需要使用多基线设计，而非多探测设计。

应用研究文献中多基线设计和多探测设计的实例

多基线设计

沃恩等人（1997）的一项研究采用了多基线设计。在该研究中，研究者对一名8岁重度残疾的男孩安德鲁的挑战性行为（攻击行为、毁坏财产行为、哭闹、倒地和试图逃跑）进行了功能性分析及以评估为基础的干预。在建立了对安德鲁挑战性行为的功能假设之后，研究者实施了跨情境多基线设计，目的是考察一项干预系统（包括不断追加奖励和视觉时间表）的有效性。干预由安德鲁的母亲在其洗澡和吃饭时实施。图7.4提供了在不同情景中（如洗澡和吃饭）干预的结果，从图中可以看出，干预系统和挑战性行为出现的时距比例之间存在功能关系，结果还显示干预系统和安德鲁在实施常规（如在常规的实施步骤中）的时距比例之间存在着功能关系。

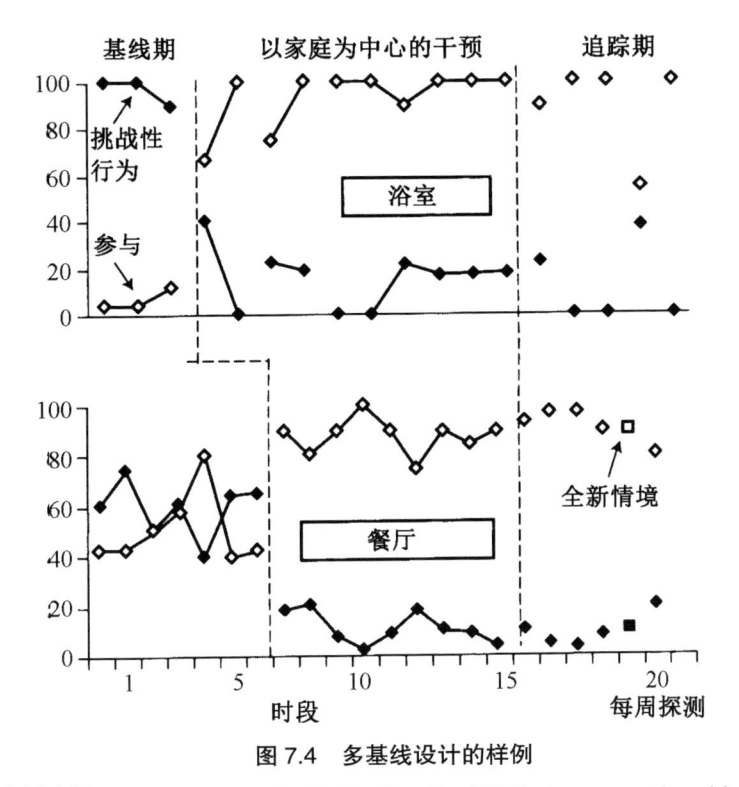

图7.4 多基线设计的样例

资料来源：Vaughn, B., Clarke, S., Dunlap, G., (1997). Assessment-based intervention for severe behavior problems in a natural family context. *Journal of Applied Behavior Analysis*, vol. 30(4), p. 715. 同意翻印。

多探测设计

有一项研究（Johnston, Nelson, Evans, Palazolo, 2003）采用了多基线探测设计。在该研究中，研究者采用跨被试多基线探测设计来评估一种干预系统的有效性，干预内容是教三名学龄前孤独症谱系障碍儿童使用视觉提示（一个钥匙形状的图形符号，意思是"我能玩这个吗？"）来表达参加游戏活动的意愿。当被试在教室自由游戏时教师进行干预，图 7.5 展示了这项干预系统的实施效果，从中可以看出教师提供的干预与三名被试使用符号性沟通要求参加游戏活动这二者之间存在功能关系。

平行处理设计

有研究人员（Tekin, Kircaali-Iftar, 2002）采用平行处理设计（parallel treatment designs）比较了恒定时间延迟法和同时性辅助法（simultaneous prompting procedures）对教三名智力障碍儿童接受性地识别动物类单词的效果，一个年长的同伴教导被试完成图片识别的任务。在研究开始之前，研究者通过三选一识别组合，挑选出了儿童识别不出的 12 种动物，并把这 12 种动物图片分成六组，每组包括两个图片。

教导者对其中三组动物名称采用四秒钟恒定时间延迟法讲授，另外三组采用同时性辅助法教授，教学形式都为一对一。除了干预者对反应的辅助方式有所不同之外，所有的教学程序都一致。

最主要的因变量是儿童在探测时正确识别动物的比例。此外，研究者收集了多种评估干预有效性的数据，包括被试符合标准的探测次数、符合标准的回合次数、出错次数，以及达到标准所需要的总时长。最后，研究者还以儿童没有见过的动物图片进行了前后的泛化测试，此外还探测了儿童达标之后一个星期、四个星期、五个星期的识别维持情况。

图 7.6 是其中一个被试的数据图形展示。研究者对其数据分析后发现年长的同伴经过训练后可以很好地对被试实施两种反应提示策略，且两种策略都促进了任务识别的习得，此外运用同时性提示法在干预时显示出较少的识别错误，而恒定时间延迟法能更有助于干预泛化到未经训练的刺激物上。

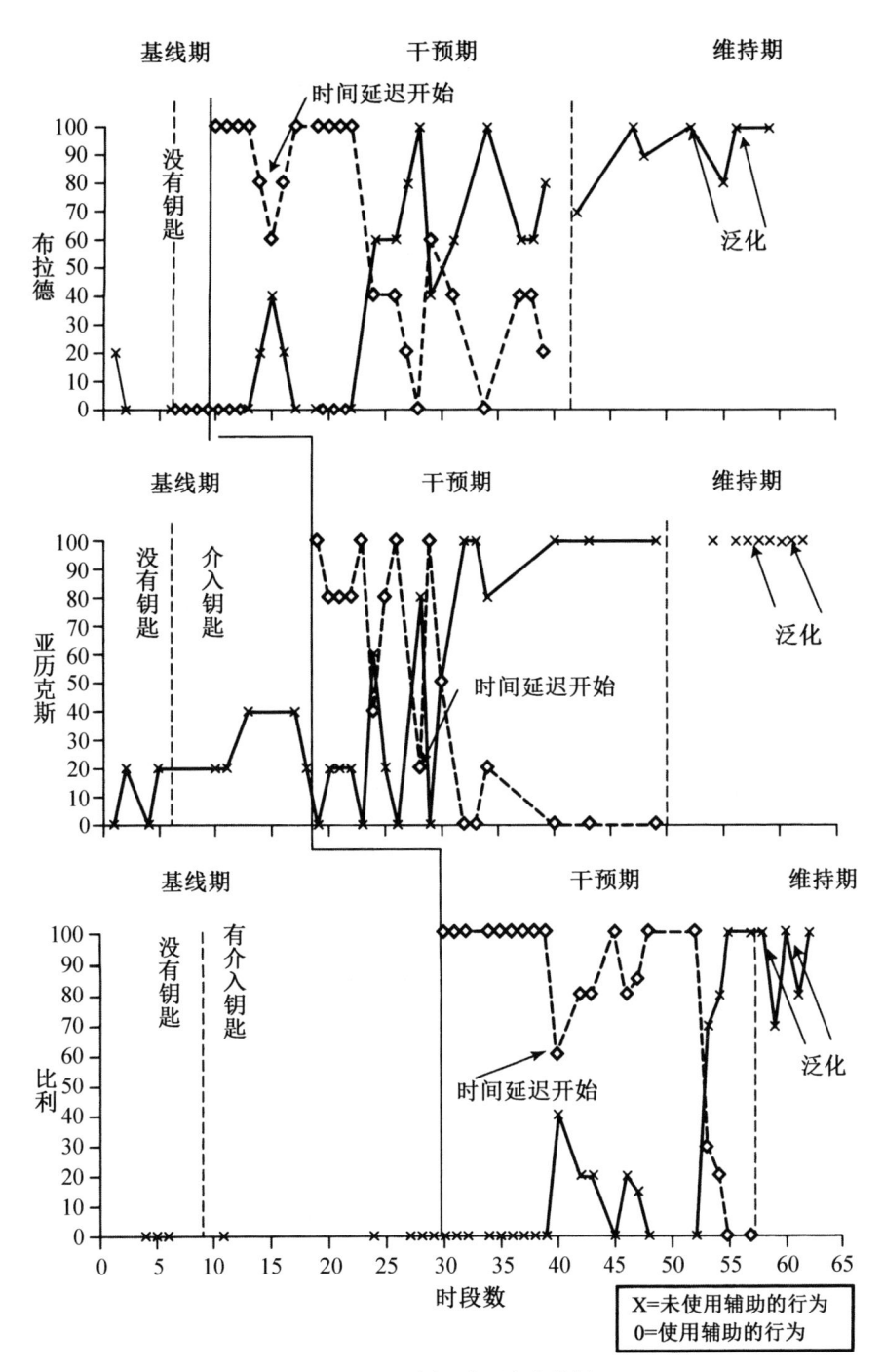

图 7.5 多探测设计的样例

资料来源：Johnston, S., Nelson, C., Evans, J., et al (2003). The Use of Visual Supports in Teaching Young Children with Autism Spectrum Disorders to Initiate Interactions. *Augmentative and Alternative Communication*, vol. 19(2), pp. 86-103. 同意翻印。

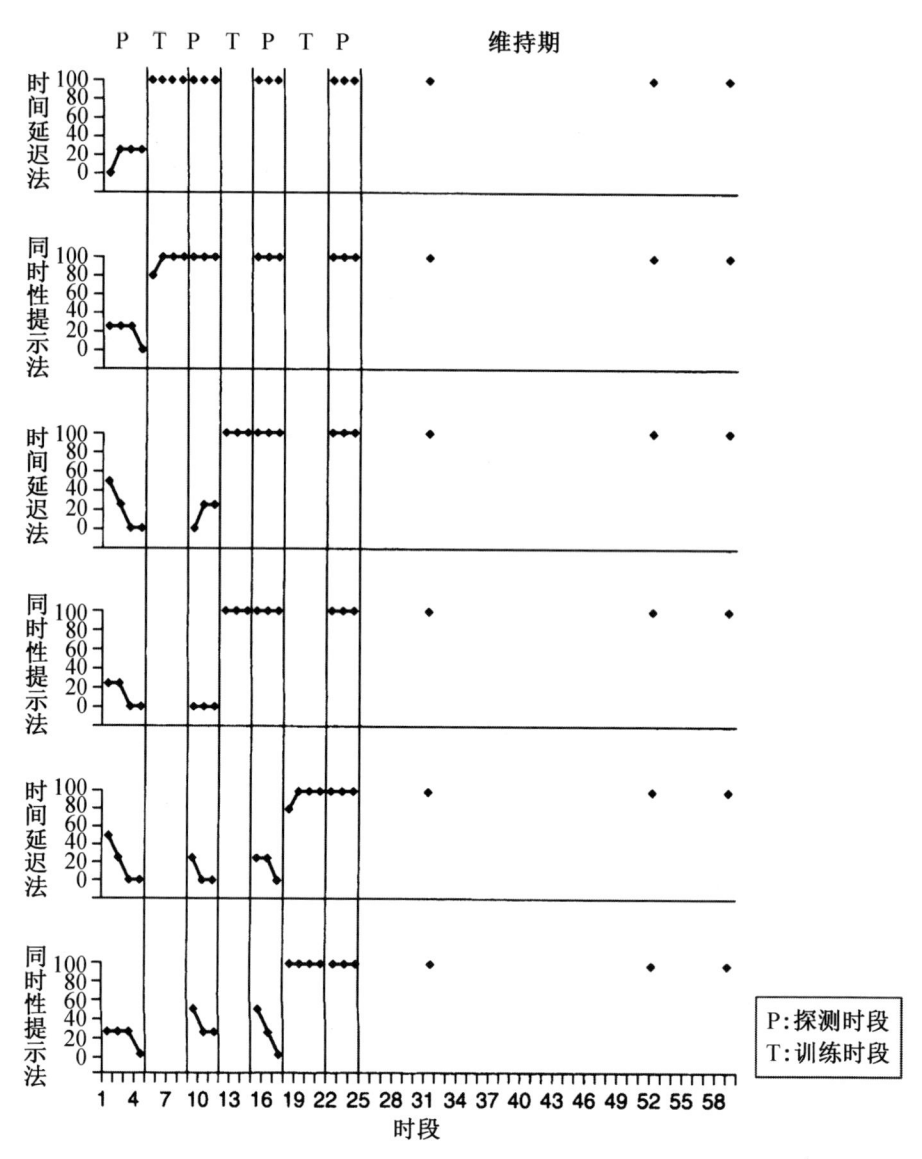

图 7.6　平行处理设计的样例

资料来源：Figure from Tekin, E., Kircaali-Iftar, G. (2002). Comparison of the effectiveness and efficiency of two response prompting procedures delivered by sibling tutors. *Education and Training in Mental Retardation and Developmental Disabilities*, vol. 37, p. 292. 同意翻印。

结束语

多基线、多探测以及平行处理设计都包括在不同情况下（如行为、被试或情境）对干预进行顺次介入。对因变量的测量发现，只有当干预介入之后，因变量才会发生变化，这就证明了干预的有效性。本章主要介绍了多基线和多探测设计的特征和实施步骤。此外，本章还列举了文献中运用各种方法进行研究的实例，并讨论了在解释实验结果时经常出现的问题和解决策略。下一章将会介绍另外一种评估干预效果的策略——变动标准设计。

第8章 变动标准设计[①]

变动标准设计（changing criterion designs）是 A-B-A 设计的一种独特变式，用于评量针对目标行为而采用渐进式的步骤进行干预的效果（Hall & Fox, 1977; Hartmann & Hall, 1976）。当目标行为不可能发生快速变化，或需要把被试的行为塑造成研究者所期望的水平时，运用这种设计最为有效。尽管在相关文献中较少涉及变动标准设计，但它在教育或社区服务类项目中有很大的发展空间（如提高口头阅读速度，减少看电视的时间等）。

我们以某一个案为例，里昂是一名体重过胖的高中生，他在体育课上参加了一个快速行走的项目。然而事实上里昂行走的速度并不快，尽管同伴和教练不断鼓励他，他行走的速度仍然很慢。教练认为里昂的训练项目需要更加系统化，即小幅度提高他的行走速度，开始时缓慢行走，此后逐渐加快。他为里昂配备了一个步行记录器，用来记录基线期每分钟的步伐。大约 6 天之后基线期数据相对稳定了，教练根据专业评估，为里昂制定了比基线期的速度快约 15% 的标准，他认为这是里昂在第一次努力后可以达到的目标。随后他开始对里昂进行第一阶段的干预，他告诉里昂如果达到这一目标，就可以玩 10 分钟他最喜欢的"打出气筒"游戏。在干预第一天里昂并没有达到这一目标，但是在第三天他成功了。接下来，教练引入了第二阶段的目标，即里昂的行走速度比第一阶段快 15%。当里昂连续三天都达到这一目标时，就进入第三阶段的干预。总体干预分为六个阶段，当第六阶段完成时，里昂实际上已经达到了教练最初为他制定的目标。

我们可以看出教练通过指向最终目标的连续塑造来改变里昂的行为，这正是研究者需要运用变动标准设计的情境：参与者的行为处于某一水平，且研究目的是通过增加或减少此行为达到最终目标。事实上，正是由于在残疾儿童教育课程中运用这种方法，使得变动标准设计成为了应用研究的一种工具（e.g. Hall &

[①] 本章由华盛顿大学的费利克斯·比林斯利撰写。

Fox, 1977; Hartmann & Hall, 1976）。这些早期的报告描述了变动标准设计在调查有关提高数学成绩、减少吸烟量以及增加作业完成量方面的研究。在上述两项研究（Hall & Fox, 1977; Hartmann & Hall, 1976）出现之后，变动标准设计便广泛应用于评估干预和行为之间的功能关系。应用此设计的领域包括：自我监控（Martella, Leonard, Marchand-Martella, Agran, 1993），独立进食（Luiselli, 2000），不期望出现的课堂行为（Deitz, Repp, 1973），职业表现（Davis, Bates, Cuvo, 1983），锻炼（Fitterling, Martin, Gramling, Cole, Milan 1988），安全（Bigelow, Huynen, Lutzker, 1993），以及其他成瘾的行为（如咖啡因中毒: Foxx, Rubinoff, 1979; 吸烟: Friedman & Axelrod, 1973）。本章主要介绍变动标准设计的特征、设计、应用步骤以及变式，并举例介绍在研究中如何运用该方法。

变动标准设计的特征

变动标准设计隐含的逻辑是每当标准变动之后，目标行为会向研究者所期望的发展方向改变。通过一段时间的重复改变来表明实验控制性的过程，其基本框架体系由基线期和干预期组成，而干预期被分成了一系列的子阶段，用来反映行为增加或减少的渐进式过程。变动标准设计的核心特征如表8.1所示，而图8.1则展示了一项运用这一设计的研究。

需要注意的是变动标准设计与前面提及的设计有一些联系，它可以看作是A-B设计的系列之一，每个子阶段都可以看作是"B"之后或者"A"之前。它也与多基线实验设计有相似之处，因为"标准功能的改变就像干预所实施的行为、情境或者被试的顺序改变一样"（Hartmann & Hall, 1976, p.530）。然而，变动标准设计不需要A-B设计中的倒返干预来表明干预与行为之间的功能关系，也不需要多基线实验设计中的多个行为（或多个情境、多个被试）（Hartmann & Hall, 1976; Kazdin, 1982）。

图8.1展示了假设样例的一系列实验阶段。研究目的是通过被试与教师之间的互动来提高其完成加法题的熟练性。教师期望被试达到的最终目标是每分钟完成25道题，研究者首先搜集被试基线期的数据，基线期持续到被试建立起稳定的表现为止。干预从第一个子阶段开始，第一水平的目标是在两个连续的子阶段中每分钟解决10道题，一旦被试达到这一标准，研究者就将标准上升为每分钟15道，直到每分钟完成25道题，干预过程就结束。在标准水平改变时，行为表现迅速且稳定地随之发生变化，这一过程的不断重复证明了实验控制的有效性。

表 8.1 变动标准设计的特点

	变动标准设计
目的	证明行为表现标准的渐进性改变与目标行为之间的功能关系。
一般特征	设计包含了基线期和干预期； 干预期被进一步分成若干子阶段，记录研究被试行为的改变。
设计优势	适合那些不会立即改变或发生较大变化，且需长时间塑造的目标行为； 仅需要一种目标行为； 不需要干预的倒返或移除。
设计劣势	只用于那些运用后果处理策略的目标行为干预； 标准水平的建立通常是主观的，没有数据支撑。

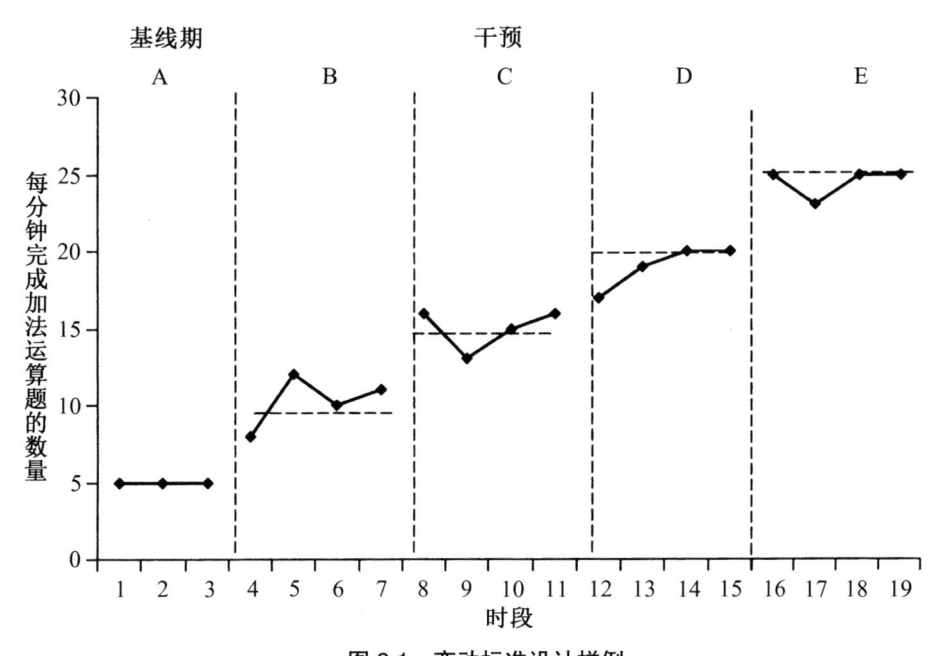

图 8.1 变动标准设计样例

变动标准设计的关键优势之一就是适用于那些不能发生重大改变的目标行为。如在上面的例子中，被试实际上已经掌握了准确完成题目所需的技能，他的问题在于不熟练。然而熟练性是要通过不断的练习和反馈实现的，所以仅依靠高强度的一对一训练是不能使他从每分钟完成 5 道题迅速增加到 25 道题的。变动标准设计允许研究者研究那些只能通过时间来塑造的行为。

变动标准设计的实施

变动标准设计的设计与实施和前面讲过的 A-B-A 设计、多基线设计相似。研究小贴士 8.1 罗列出设计和实施一个成功的变动标准设计所需要的基本步骤。例如,一项遵循了这些步骤的研究（Fitterling, Martin, Gramling, Cole, Milan, 1988),其目的是检验有氧运动的增加对血管性头痛患者的作用。五名被试在没有治疗的前提下,接受了基线期水平的评估,然后进入了干预阶段,在此阶段她们签署了在有氧运动中可能出现突发事件的知情书。参与者在训练之初交了 100 美元的定金,此后达到每一阶段训练标准时被返还 5 美元,如果低于此标准,则不予返还。训练结束后如果参与者被返还了至少 85 美元,就可以使用发给她们的计步器,并且可以免费接受血管性头痛的其他治疗方法。这项研究还包括其他内容：指导、示范、刺激控制、表现反馈和表扬、塑造及语言策略。任务标准是依据"库珀点"（Cooper points）制定的,库珀点是指"对不同锻炼部位、强度及持续时间的有氧量的标准测量"（Fitterling et al., 1988, p.11）。

研究小贴士8.1 变动标准实施检核表

- ✓ 定义目标行为,并确定最终期望达到的目标水平。
- ✓ 将因变量及其测量进行操作性定义。
- ✓ 将干预进行操作性定义。
- ✓ 开始基线期A,收集目标行为的信息,直到建立起稳定的行为表现水平（即在这一段时间内无系统性地提升）。
- ✓ 实施干预阶段,按顺序介入每一个子阶段,在被试达到每一个目标子行为之后进入下一阶段。

图 8.2 变动标准设计显示了一名叫凯西的被试,使用"库珀点"进行有氧运动干预的情况,展示了在基线期、由 10 个有氧运动训练子阶段组成的干预期,以及随后的 3 个月和 6 个月的数据。由实线相连的点是凯西有氧运动的表现情况,阴影部分的高度显示了运动表现的标准水平。

尽管变动标准设计的结构似乎很简单,但研究者在设计和实施时还是需要考虑一些问题,比如对目标行为进行准确定义并确定最终目标,系统实施子阶段,还要严格保证达到标准。

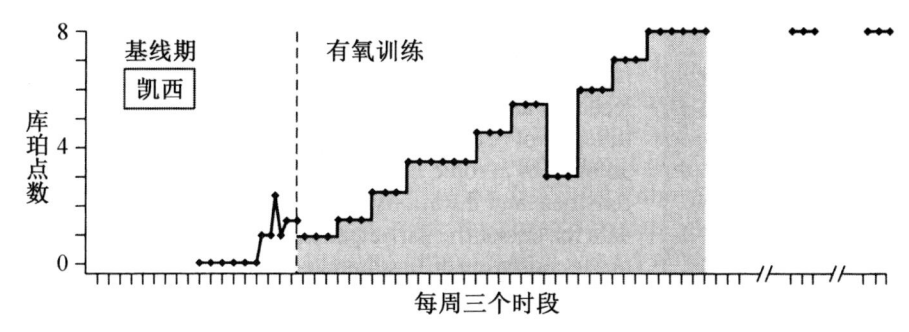

图 8.2　变动标准设计显示了一名叫凯西的被试，使用"库珀点"进行有氧运动干预的情况，展示了在基线期、有氧运动训练阶段，以及随后的 3 个月和 6 个月的数据。由实线相连的点是凯西有氧运动的表现情况，阴影部分的高度显示了运动表现的标准水平。

资料来源：Figure 1 from Fitterling, Martin, Gramling, Cole, Milan, Behavioral management of exercise training in vascular headache patients: An examination of exercise adherence and headache activity, *JABA*, 1988, vol. 21, p. 14. 同意翻印。

定义行为并设置最终目标

在所有的单一被试研究中，目标行为必须进行操作性定义，以便在实验阶段能够准确评估。然而，变动标准设计的一个关键因素在于，研究者在研究的初始阶段就要确定最终的目标。如费特灵等人（Fitterling et al., 1988）根据"库珀点"定义各个阶段的有氧运动行为。为了达到并维持足够的有氧健身水平，库珀（Cooper, 1977）建议女性每周最低需要 24 点，因此每周 24 点的最终目标就这样确定了（每周的三个时段为 8 点，具体见图 8.2 的第 10 个子阶段）。该研究确定的最终目标实际体现在变动标准设计中所有的具体目标上，也就是说，所有的具体目标表明了研究者所期望的行为表现达到的阶段或水平。这并不是说每一子阶段的行为与前一子阶段行为之间存在质的差异，也并不是说在开始时个体一点都不具备这种能力。因此，目标必须要依据速度、频率、准确率、持续时间、潜伏期、程度以及强度来制定（就像"库珀点"的数量一样）。

行为具体目标的制定，要考虑到行为表现水平对学校或社区中的个体和他人能够带来足够的教育、社会、健康或其他方面的好处。因此，在教育类项目中，为帮助研究者制定一个学业或社会性目标，就需要考虑到以下几点：①学生需要表现出什么水平才能进入下一阶段课程的学习？②什么水平可以促进泛化并维持表现？③在学校和社区情境中什么水平可以被他人接受？④什么水平可以减少对教室学习环境的破坏？⑤什么水平是表现良好的同伴可以达到的？⑥什么水平可以减少抚养者的负担？⑦什么水平才可以使学生在相似的活动中感受到乐趣？⑧

什么水平可以促使学生在学校和社区中与同伴及其他人员进行积极交往？

子阶段的系统实施

变动标准设计的实验控制性是在设计中按顺序依次引入渐进的标准水平，或在子阶段中目标行为变化的不断重复。在费特灵等人（1988）的研究中，凯西在第 1 个干预阶段的标准是 1 个库珀点，随后以 0.5～1 个库珀点的速度增长，到第 10 个子阶段时达到 24 个点。然而，其中有一个特例需要注意，凯西在第 7 个子阶段时的训练标准是每节数 3 点，与前面的每节数 6 点不同，她的数据体现了双向变动。另外，虽然她大部分的子阶段都是只有 1 个星期（3 节数）的时间，但在第 4 和第 10 个子阶段的节数是前面的两倍。我们观察凯西的图表时可能注意到一些问题：①标准水平改变大小的依据是什么？②子阶段应该持续多久，以及为什么有的阶段比另一些阶段长？③一个干预中应该包含几个子阶段？④双向标准变动的目的是什么？这些都是使用变动标准设计的研究者需要思考的问题。

变化大小

标准变动的大小可以通过多种方法决定。在费特灵等人（1988）的研究中并没有明确表明每一阶段标准变动大小的依据，但是从调查者的评论中我们可以看出它是基于被试的"锻炼容忍度"。换句话说，步幅大小可能由临床诊断决定。尽管专业或临床诊断的方法不应该被忽视（事实上，如果基线期的水平是 0，这就是唯一可用的办法，Alberto, Troutman, 2003），但还有其他一些方法可以尝试。如卡兹丁（Kazdin, 1982）表明，初始标准水平应该设定在基线期的最低点或接近最低点，或者低于基线期平均值的 10% 或 15%。对于随后的阶段，卡兹丁给出了两条指导建议。

第一，标准必须通过不断的变化来增加个体实现最终目标的可能性。卡兹丁（Kazdin, 1982）指出"突然且巨大的标准转变意味着个体有相应迫切的表现需求"（p.167）。如果这一需求十分迫切，个体就有可能无法达到计划预设的结果，行为可能恶化，而不是改善并维持在标准水平。行为恶化从教育和实验的角度来说都是不期望出现的结果。另一方面，巨大的变化可能使个体经历很少的阶段就能达到预定的目标，那实验控制性就会受到质疑。

第二，尽管标准增长需要维持在适度的水平，但这些变化必须大到至少可以被观测到。在文献中被反复提及的一点是，目标行为的日常变化水平会影响标准变化的大小。如果像图 8.2 展示的一样，子阶段的数据相对稳定且行为变化可以被测量时，那么标准改变就可以相对缩小。然而，如果数据增长且多变，就需要扩大标准的改变（同时需要较长时间的子阶段）用来界定目标行为的改变。

确定标准变动大小的指导方针还包括：

1. 将初始标准定为基线期稳定水平的平均值，在接下来的子阶段中以这个数量增长（Alberto, Troutman, 2003）。运用这种方法，一个学生在基线期平均答对2道阅读理解题，那么他第一阶段的标准水平就是2，随后的每一子阶段都比前一阶段增长2，直到达到最终目标。

2. 如果运用此种方法确定第一阶段的标准水平会增加学生完成任务的困难，那么接下来每一阶段水平的增加可以调整为平均水平的一半。如果学生在第一阶段表现出优异的成绩，那接下来每一阶段水平的增加幅度可以调整为平均水平的两倍（Alberto, Troutman, 2003）。

正如以上两条指导方针所规定的那样，干预期每一子阶段之间标准变动的大小并不需要相等（Kazdin, 1982）。在刚开始时，标准变动的幅度可以稍微小一些，这样可以给参与者最大的机会来体验成功，直至达到最终目标。当取得第一次进步之后，参与者可以加大幅度来增加或减少行为（Kazdin, 1982, p. 168）。事实上，库珀等人（Cooper et al., 1987）就指出，多样性的标准变动比相等的标准变动更能证明实验控制性。如果在一个实验中，被试的表现每次都不能达到标准水平，造成变动大小总产生变化，那这个实验控制性就是有问题的（Kazdin, 1982）。

子阶段长度

就像标准变动的大小一样，子阶段的长度至少在一定程度上由行为表现的变化程度决定。为了达成行为与干预之间的功能关系，在行为表现发生变化之后、下一个标准引入之前，行为表现需要建立起稳定性。因此，"每个处理阶段都必须足够长，这样目标行为才能重新在新的可变的水平上稳定"（Hartmann, Hall, 1976）。研究者期望看到的结果是行为迅速改变，且在标准变化之前维持在标准水平（Cooper et al., 1987）。在图8.2中可以看出，凯西在每一子阶段的数据比较稳定，且与阶段水平相对应。标准改变之后，她的锻炼行为也迅速改变。因此每个子阶段有3节，对于凯西来说较为简洁。如果行为变化比较缓慢，那就需要延长子阶段的长度，直到行为趋于稳定且达到标准水平。

尽管凯西大多数的子阶段都包括3节，但第4和第10子阶段的长度是其他子阶段的两倍（如图8.2所示）。但在这个案例中，子阶段长度的增加并不是由于行为变化缓慢，相反，我们可以看到行为变化非常迅速。当行为非常快速地达到标准水平时，研究者就需要改变子阶段的长度以确保实验的内在效度。库珀等人（Cooper et al., 1987）认为，当目标行为在不同时长阶段内能够快速达到期望水平，那可观察到的行为变化就更有可能是由自变量导致，而非无关变量（如成熟、练习效应）（p.220）。哈特曼和霍尔（Hartmann, Hall, 1987）建议，如果干预期的子阶段长度相等，那基线期的长度就应该长于干预期的子阶段。基线期和干预期长度上的差异可以保证行为的变化是由干预方法导致，而不是其他一些自然发生的变量。

当行为表现并没有随着标准改变变得稳定时，那么增加子阶段的长度就显得较为必要。这样可以保证数据只是围绕着标准水平波动，而不是体现出上升或下降的发展趋势。如果增加子阶段长度还不能显示出数据的相对稳定性，那实验控制性的内在效度就会受到质疑。图8.3为我们提供了一个例子（Renzaglia, Wehman, Schultz, Karan, 1978），这个例子中的数据非常多变，未达到过标准水平，并且向上的趋势范围覆盖了多个子阶段的水平。图8.3中的数据描述的是有智力障碍的工人在接受了一项应急系统培训后，其工作产量发生了变化。在这项系统中，美分作为强化物以提高工人的行为表现。根据伦扎利亚等人（Renzaglia, 1978）的描述，在基线期，"目标标准速度是在前三个阶段每分钟增长0.02个任务量，剩下的则是每分钟提高0.01个任务量。这些目标标准必须在标准变动之后，经过连续三天的练习达到"（p.185）。标准变动的大小之所以由每分钟0.02调整为0.01，是因为在子阶段0.24个任务量时工人的行为表现下降非常迅速，并且在那之后观察到行为不断在进步。通过视觉分析可以得知，在9个子阶段中的7个子阶段，行为表现都是呈增加趋势。然而并没有一个子阶段达到了预先设置的标准水平。考虑到基线期数据的不稳定性，我们很难得出结论说第1个子阶段行为的改变（标准水平为0.188）是由干预所致。在此后的阶段中，无论是阶段内还是阶段间行为的改善，很难说不是由反复练习效应（或其他不可控变量）导致的，而非干预本身的效果。

标准变动的数量

就像卡兹丁（Kazdin, 1982）说的那样，为了建立起干预与行为之间的功能关系，子阶段的最少数量应该是2。如果只有1个子阶段，那研究者做的就是类似于没有重复的A-B设计，这样的实验设计的内在效度不高。然而如果有两个标准变动的话，我们就可以决定标准水平的变动及相应的表现，以及与此对应的实验信度。

尽管在只有2个子阶段的实验控制中，干预和可观测的行为之间具有一定的信度，然而采用标准变动设计的研究，其子阶段的数量通常多于最低标准。一般规则是，行为标准改变的数量越多，那么干预的内在效度就越高（Cooper et al. 1987; Richards et. al., 1999）。因此，我们可以肯定的是，凯西的训练结果与干预策略之间建立起了稳定的功能关系（如图8.2所示），这不仅仅因为她的行为表现与每一阶段的标准水平相对应，更因为干预被分成10个子阶段。

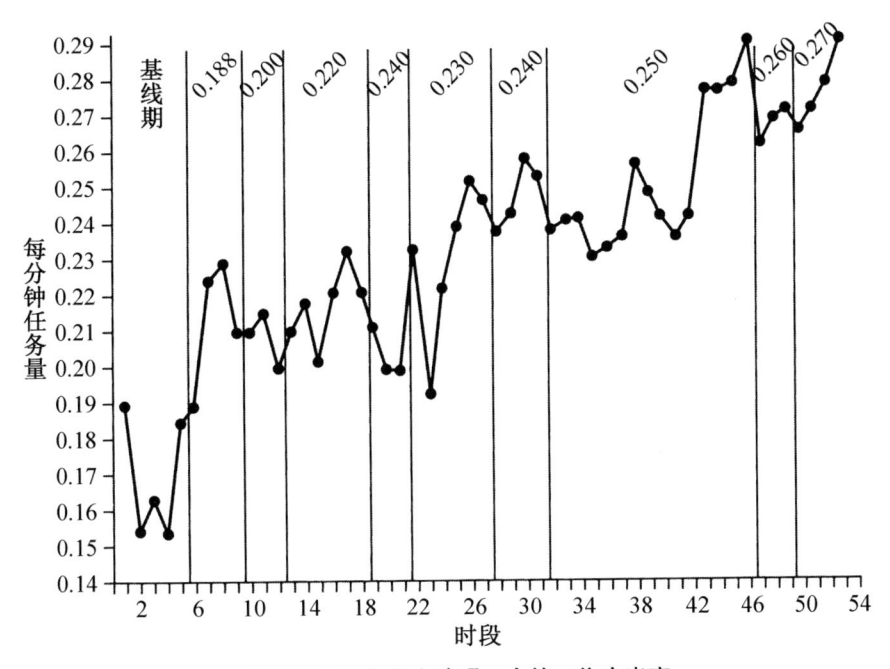

图8.3 重度智力障碍工人的工作产出率

资料来源：Renzaglia, A., Wehman, P., Schutz, R., Karan, O. (1978). Use of cue redundancy and positive reinforcement to accelerate production in two profoundly retarded workers. *The British Journal of Social & Clinical Psychology*, vol. 17, pp. 183-187. 经《英国临床与心理学杂志》授权，同意翻印。

然而库珀等人（Cooper et al., 1987）指出，不能"在设计中简单地增加子阶段的数量"（p.221），因为子阶段的数量与阶段长度和标准变动的大小都有关系（Hartmann & Hall, 1976）。比如，如果要求在较短的时间内完成一项调查，那么增加子阶段的数量就会减少标准变动的幅度，从而影响功能关系的建立。同样的，如果标准变动幅度较大，那被试在达到最终目标之前，子阶段的数量就会相应地减少。

行为表现与相应标准之间的对应

实施变动标准设计需要考虑的最后一项是，评估参与者的行为表现与每阶段标准之间的对应性（correspondence）。卡兹丁（Kazdin, 1982）认为，"实验控制的水平体现在干预期行为表现与阶段标准之间的紧密对应"（p.160）。图 8.2 中凯西的数据就显示了她的行为与每一个干预子阶段之间的准确对应，这表明二者之间有很强的联系。但在许多研究中对应关系并不是那么准确，也没有一个统一的标准说明什么样的对应标准是可以接受的，因此研究者有时就会表达他们自己的标准。如费特灵等人（Fitterling et al., 1988）的研究就规定了"最后三个数据的变化程度不超过标准水平的 20%，且从视觉上感知不到行为表现的向上或向下的发展趋势"就可以被认为是有一致的对应关系（p.14）。

如果被试的行为表现与标准水平不相匹配，研究者可能也会得出干预与行为之间存在功能关系，卡兹丁（Kazdin, 1982）总结了几点原因：①当标准水平变动时，行为表现的平均水平呈分段式变化，即使行为并不完全符合标准水平；②"每一子阶段中行为表现在大多数或全部场景下接近标准"（p.161）。即行为表现与标准水平的变化之间存在联系，即使行为—标准并不完全匹配，也能证明实验控制性。尽管如此，标准水平与行为之间的偏差还是容易产生模棱两可的解释（Barlow, Hersen, 1984; Kazdin, 1982），而且二者之间偏差越大，实验控制性的效果越难解释。

当行为表现与标准水平不太一致或者在连续的子阶段中行为难以建立起稳定性时，有一种方法可以减少实验结果的模糊性，即引进标准的双向而非单向改变（Barlow & Hersen, 1984; Kazdin, 1982; Richards et al., 1999）。双向变化是指标准水平在固定方向上的增加或减少。与行为—标准之间的准确对应相比，行为方向的变化（如行为减少后的增加）更易达到，这样对实验控制的评估就会更为可信。

有些研究的干预期的子阶段长度是不同的，这样引入双向变化也能减少影响实验结果的混淆因素，如历史、成熟或者测量因素，从而提高内在效度（Hartmann & Hall, 1976）。图 8.2 就是一个双向标准变动的例子。凯西的锻炼行为在前 6 个子阶段都随着标准改变呈现稳定增加，而下个阶段标准降低时也随之下降，当标准水平再一次提高时，她的行为也立即增加。从此图中我们可以清晰地看出她的行为表现受到实验安排的控制。

标准水平的双向变动也会体现出倒返模式，与倒返设计中的 A-B-A 模式有些相似。然而变动标准设计中的倒返只是标准变化方向的改变，而不包括旨在使行为表现返回到基线期水平的实验处理的移除（有时也会有全部的移除实验处理，如 Deluca, Holborn, 1992）。更为常见的是实验处理仍然存在，只是标准水平返回至上一阶段或不再严格按照标准变化的趋势。如图 8.2 中凯西的行为从平均 6 个库珀点变为 3 个。这种"微型倒返"的优点在于并不需要中断实验处理，也不需要期望行为的迅速减少。换句话说，尽管标准有些下降，学习者仍然可以继续接受干预，并表现出比基线期更好的水平。此外"微型倒返"也较为简洁，被试可以迅速回到原有标准水平。

为了保证行为表现与标准变动之间的一致性，就需要保证被试自由反应的机会不受实验安排的限制（Cooper et al., 1987）。也就是说实验安排必须遵循这样一条原则，即被试能够反馈的最大或最小能力要超过当前标准的水平。比如，在一项旨在训练不能行走的学生增加独立行走距离的研究中，在这名学生面前距离 1 米的地方放了一张桌子，桌子上有她喜欢的东西。当这名学生在规定时间内走完这段距离后，就可以得到她喜欢的东西。在下一阶段，桌子可能放在离她 2 米的地方，接下来是 3 米，以此类推。在这个研究中，研究者可以发现学生的行为表现与特定阶段的标准非常吻合。尽管如此，仍然不能得出结论说实验控制性是有效的，因为桌子的位置给学生设置了上限（如它限制了学生走到比标准水平更远的距离）。这名学生并不能自由展示自己在没有桌子阻挡的情况下取得的进步，而只能刻意把她的行为限制在标准水平之内。

此外还有一个类似的研究，在这个研究中，当标准水平增加到 5 时，就给予学生包含 5 个数学题目的工作表（Cooper et al., 1987）。正如库珀等人指出的，"即使学生能够完成的题目少于 5 道，超过这个标准水平的可能性也会被消除，这样可能产生一幅被实验控制性严重影响的但看上去冠冕堂皇的结果图"（p.221）。学生应该自由表现出高于或低于标准水平的行为，这样的观察显示了变动标准设计的局限性。换句话说，变动标准设计不仅不适用于可能影响行为水平的前提教导类研究，也不适用于立即呈现后果控制策略类的研究。这是因为达到标准水平之后立即给予或撤离强化，会打扰或终止被试在这一水平上的行为表现，从而产生行为上限或下限。为此，标准达到后需要持续一段时间的观察再进行强化，如一节课。比如，在霍尔和哈特曼（Hall, Hartmann, 1976）的一项旨在提高行为障碍学生的数学成绩的研究中，被试在 45 分钟的课内若达到正确完成数学题的目标水平，就可以休息或玩会儿篮球。在完成每项不限时的活动之后可以经常给予强化。路易塞利（Luiselli, 2000）运用这种方法指导家长在午餐和晚餐后为长期不愿进食的儿童提供奖励，不论他们在午晚餐时是否达到了自主进食的标准水平。对于凯西来说（凯西的数据见图 8.2），当她在每一练习阶段达到目标水平时就返还其 100 美元中的 5 美元，也是基于同样的道理。

前面的讨论并不简单意味着，达到一定时长或一项活动结束之后才给予反馈。更为常见的是，被试表现出恰当行为之后，只要不打扰其反应，就可给予积极的奖励，如凯西只要锻炼就可得到表扬（Fitterling et al., 1988）。在路易塞利的研究中也同样如此，儿童只要表现出自主进食行为就会得到奖励。然而在另外一项研究中，是当超重或不超重的男孩能够按照既定计划骑车时，就根据变化着的计划给予他们奖励（Deluca, Holborn, 1992），奖励是响铃和灯光。

变动标准设计的变式

有时干预数据非常多变，仅仅用简单的操纵实验设计因素，并通过观察子阶段（e.g., Renzaglia et al., 1978）的标准水平或显著的上升趋势来评估实验的内在效度就显得不太可信。在这种研究中就需要变换子阶段长度和引进"微型倒返"。如果需要这种背离标准的设计，或者害怕偏离标准设计太远时，那么加强内部效度的方法就是运用标准变动设计的变式，如多基线变动标准设计、返回基线的变动标准设计，或成分分析（component analysis）。

多基线变动标准设计

如果研究中有多个被试、行为、情境，且被试、行为、情境之间并不相互影响，那么多基线变动标准设计可以加强干预与行为之间的功能关系（Schloss & Smith, 1994）。这种组合设计可以验证一些看似不可能的假设。

将多基线设计与变动标准设计结合起来的例子如图 8.4 所示。图 8.4 展示的是一项旨在通过自我监控减少布拉德（一名有中度智力障碍的中学生）消极用语的研究（Martella, 1993）。干预包括对消极用语的自我管理，在任何一天的行为表现达到或低于标准水平从而赢得"小奖励"的机会，在连续 4 个子阶段的行为表现达到或低于标准水平从而赢得"大奖励"的机会。

干预子阶段从基线期数据收集开始，在 2 个课堂时段内遵循标准变动的模式。与多基线设计的要求一致，干预子阶段首先在时段 2 中介入，接着介入时段 1（如图 8.4 中上图和下图所示）。每时段的干预期之后有一个部分倒返阶段，在这一阶段中包含连续 3 个子阶段训练内容的移除，随后进行的评估只使用了干预处理包中的自我监控表来评估。积极用语和消极用语的数据如图 8.4 所示。然而需要注意的是干预只针对消极用语（图表中黑色实心长方形所示），讨论时研究者感兴趣的也是消极用语的数据。

在时段 2（图 8.4）中，基线期的数据非常多变，且随着时间增长有逐渐上升的趋势。当在多基线设计要求的时间点干预阶段介入之后，被试相应的行为随着标准变化密切变动，且表现出稳定的低于标准水平的趋势。在时段1（见图8.4）中基线期数据比时段2中基线期数据还要多变，在干预期行为表现也不像我们在时段2中观察到的那样稳定，且直到最后一个干预子阶段（阶段E）行为表现才较为接近标准水平。尤其是在阶段B和阶段C行为更为多变，距离标准水平更远。在这两个时段中，布拉德在干预部分撤回和随后的探测中消极用语均为0。

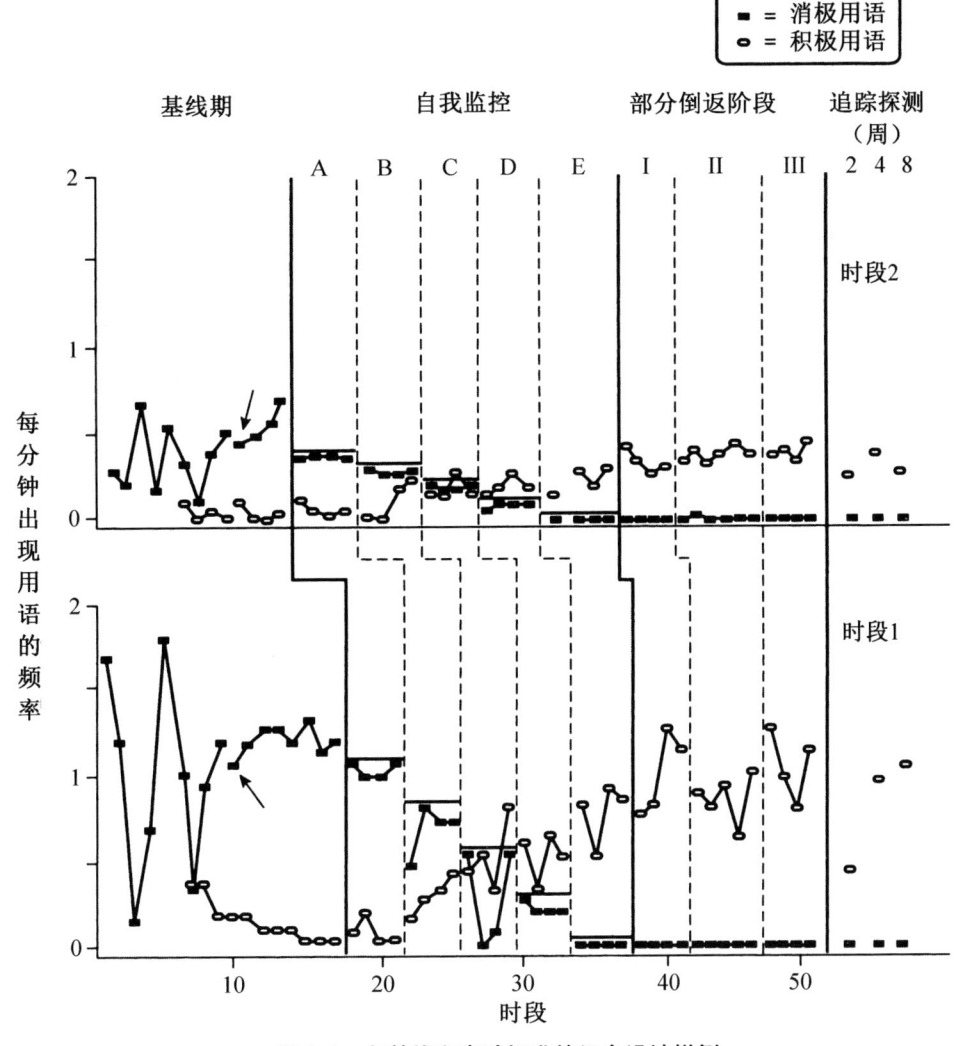

图 8.4　多基线和变动标准的组合设计样例

资料来源：Figure 1 from Martella, Leonard, Marchand-Martella, Agran-Self-Monitoring negative statements. *Journal of Behavioral Education*, 1993, vol. 3, p. 84. 同意翻印。

时段 1 中被试在干预阶段的行为表现非常多变，使得干预与行为改变之间的功能关系不太牢固，然而干预效果不能仅仅通过这一时段的标准变动设计来决定。因为多基线设计包括时段 1 和 2，这两个时段综合起来可以肯定干预是有效的。在这两个时段中，行为表现只有在干预介入之后才有所提高。在时段 1 中，实验处理介入的时间比时段 2 晚，这是为了保证实验的内在效度。这种混合设计证明了干预对布拉德减少消极用语是有积极效果的。

返回基线的变动标准设计

我们在前面介绍过，在干预阶段介入标准水平的双向变动（如微型倒返）是为了提高实验的内在效度。在这些例子中，并不需要像 A-B-A 设计那样通过行为方向的完全改变来提供干预的复制效果。然而在一些研究中会出现完全倒返至基线期的设计，作为干预期的一个临时阶段（De Luca, Holborn, 1992），或干预期之后的阶段。当干预目的旨在促进行为的极大转变，或行为变化并不只是朝着一个方向，或当行为反应与标准水平之间的匹配比较困难时，这种设计是一个比较好的选择。然而行为反应与标准水平之间匹配的困难并不多见，正如卡兹丁（Kazdin, 1982）所说，如果被试不易控制自己的行为，那对于他来说达到标准水平就有难度（p.164）。例如，要求有发展性障碍的工人说明自己的工作任务何时达到"每分钟速度"的标准水平，就比要求学生在数学作业表上观察自己是否完成规定数量的数学题要困难很多。

戴茨和雷普（Deitz, Repp, 1973）将变动标准设计与倒返设计结合起来进行了一项研究，这项研究旨在探索运用低反应比率差别强化（DRL: Differential Reinforcement of Low rates of responding）来消除班级中 15 名高中女生"与他人正在进行学术讨论，通常是社会话题"（p.460）的主题的变化。这项调查收集了 50 分钟课程的数据，如图 8.5 所示。在基线期，女生们平均每分钟变换 0.13 个主题。接着一个严格的低反应比率差别强化时间表介入，干预期分为 4 个子阶段。第一个子阶段的标准水平是每分钟变换 0.1 个主题。如果在一周的前 4 天主题变化数量达到或低于这个标准，那周五时班级学生就可以随意安排时间。在接下来的 3 个子阶段都遵循这一规则，只是标准水平变为 0.06、0.02、0。当标准改变时，研究者向全班说明这一改变，但是女生在课堂上并没有被告知她们正在经历的持续进步。随后撤除低反应比率差别强化干预，行为状态重新进入基线期环境，这一阶段为 9 个时段。

这一研究基线期的数据不稳定，在最后两节呈下降趋势（见图 8.5，阶段 1）。

在干预第一个子阶段（阶段2）可以观察到数据明显下降的趋势。在阶段3数据有时会出现变化，但并没有显著变化的趋势。在阶段4，4个观测点中的3个点都处于0水平。在前面三个阶段，行为表现的数据没有与标准水平建立起吻合的关系。最后在阶段5（第四个干预子阶段）行为反应与标准水平相吻合。如果实验研究在这一阶段终止，就很难解释主题改变数量的下降是否是由低反应比率差别强化影响还是由其他因素影响。出现这种矛盾一方面是由于阶段2中行为趋势的快速下降，另一方面是由于除了阶段5，其他阶段的行为反应与标准水平都不相吻合。然而跟随最后一个干预阶段的是返回基线期环境的阶段6，这一阶段女生的讨论主题变换并未回到初始的基线期水平，主题的变换数量高于先前阶段。本研究中加入了最后倒返至基线期的阶段，这样可以大大增加自变量与因变量之间功能关系的可信度。要注意的是，如果选择倒返至基线期水平的阶段，或是增加一个大部分处理成分移除的阶段，就需要连续的数据来表明干预效果的维持作用，如凯西（图8.2）和布拉德（图8.4）的个案。

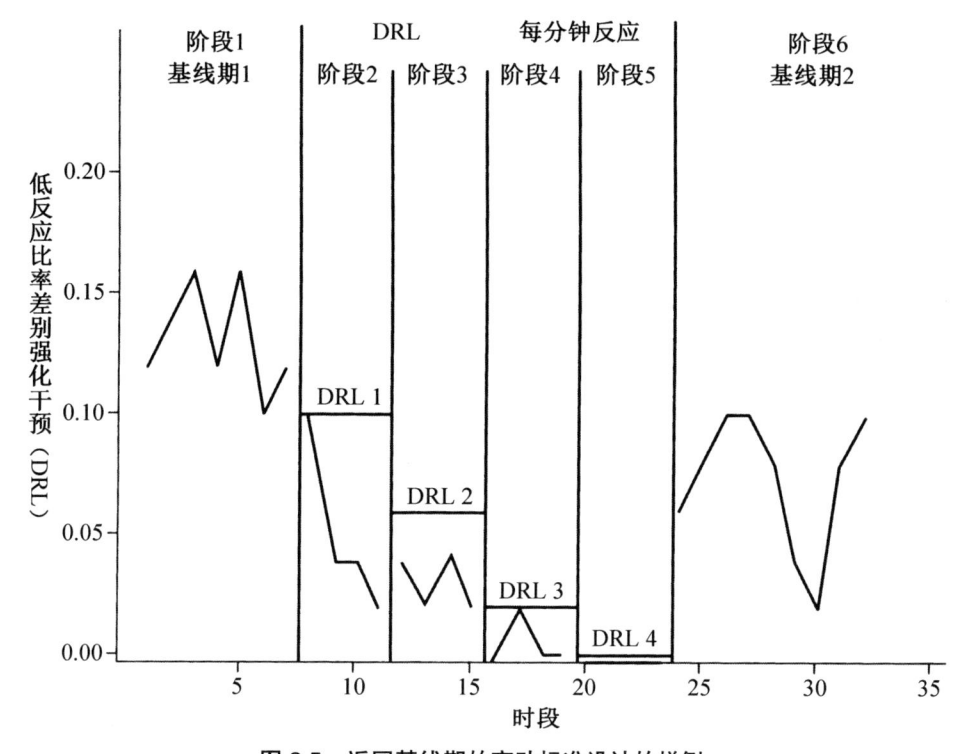

图 8.5 返回基线期的变动标准设计的样例

资料来源：Figure 3 from Deitz & Repp, Decreasing classroom misbehavior through the use of DRL schedules of reinforcement, *JABA*, 1973, vol. 6, p. 461. 同意翻印。

成分分析

变动标准设计中的干预很少会仅有一个处理措施。通常情况下，干预是一个成套的处理包，也就是说包括一系列成分，如指导、临时性的强化物和/或反馈、自我观察、自我记录、自我绘图，以及视觉或口头提示（该类提示是与变动子阶段相关的应变措施）。很少有研究对成套的处理包中这些成分一一分析，因此，每个单独的成分的作用也就不太明了。如哈特曼和霍尔（Hartmann, Hall, 1976）所说，需要另外的设计来梳理干预中各个成分所起的作用。这些设计的特点在于删除一个或多个干预成分。霍尔和福克斯的研究（1977）提供了一个很好的例子。

在他们描述过的三个变动标准设计研究中，其中有一个研究关注于有智力障碍和脊柱裂的10岁男孩约翰的任务完成情况。该研究的目的是提高约翰的完成作业量。图8.6中展示了约翰在此研究中每天完成作业的页数。

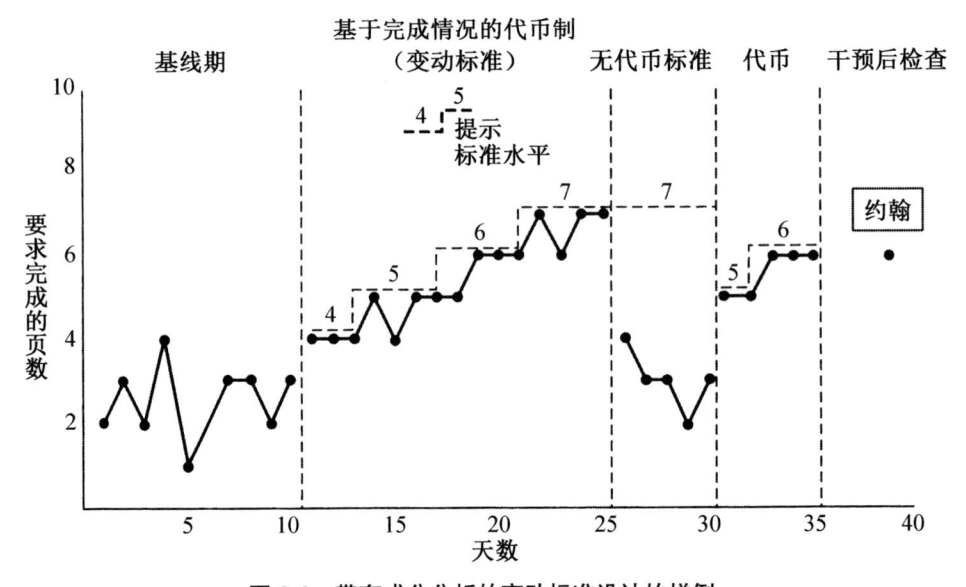

图8.6 带有成分分析的变动标准设计的样例

资料来源：Figure from Hall & Fox—Changing-criterion design: An alternate applied behavior analysis procedures. In Etzel, LeBlanc, & Baer (Eds.)—*New developments in behavioral research—Theory, methods, and application,* 1977, p. 161. 同意翻印。

在为期十天的基线期中，当开始一项任务之前教师给予约翰帮助，并记录他完成作业的页数。每完成1页约翰可以得到1分的奖励，然而不能用得到的分数交换任何的奖励活动。干预期开始之后约翰每完成 1 页得到 1 个代币，在完成一定数量的页数之后，代币可以用来换取他喜欢的活动（如清扫自助餐厅）。在第一个干预子阶段，标准水平设定为完成 4 页，接下来的 3 个子阶段标准水平依次为 5、6、7 页。图 8.6 中的数据显示出约翰的行为表现与每个干预子阶段的给定水平紧密匹配，他在 15 天中有 12 天都达到了变动标准水平。通过数据我们似乎可以得出这样的结论，即干预与约翰的行为之间有显著的功能关系，但代币系统对行为的影响却并不明确。

为了探究没有代币系统因素的情境对约翰行为的影响，研究者在第 26 天时撤销了这一因素，约翰只接受简单的指导，完成学习任务，而学习任务还是上一阶段的 7 页。通过对"无代币标准"阶段数据的分析发现，约翰在这一阶段的 5 天内行为迅速恶化且呈下降趋势，这一阶段他完成作业的页数为 2 到 4 页。然而当重新引入代币系统并将标准水平设置为 5 页、6 页之后，约翰的行为表现随着标准变动迅速变化，且能够与标准水平准确匹配。因此可以得出结论，代币系统对干预成功与否起到了关键作用。

结束语

许多教育和治疗计划的目标在于行为持续、渐进地改善。这就是说，在诸如阅读、数学、合作等方面的期望行为中，干预目的是使行为水平从相对较低的阶段逐渐发展到相对较高的阶段。在诸如不恰当的社会行为、成瘾行为、扰乱课堂等不期望发生的行为中，干预目的是逐渐减少这些行为，使行为从较高水平发展到较低水平，并逐渐消除它。变动标准设计非常符合对行为的这种期望，是对其他类型设计的一种有益补充。最吸引研究者和参与者的一点可能是，紧随基线期评估之后，学生就可以通过干预朝着最终的目标行为不断前进，而不用停止干预。

变动标准设计的局限在于当使用后果处理策略——强化或惩罚作为其行为变化主要因素时，干预最为有效。当然，这种干预方法常以一种形式或其他形式出现在很多教学情景中，所以这一局限就不太普遍。变动标准设计的另一个局限在于与行为水平的变化相比，它不适用于行为局部的改变。当一项研究旨在改变行为部分特征（如掌握体操动作中的翻滚回旋能力，或者塑造复杂的语言应答能力）时，库珀等人（Cooper et al., 1987）建议采用更为合适的多探测设计（本书第 7 章有详细论述）。

通过行为和标准水平之间的重复匹配可以复制实验的内在效度（Alberto, Troutman, 2003）。当不能准确实现这种匹配时，就需要引入"微型倒返"等策略来增加行为与干预之间功能关系的可信度。另外，变动标准设计也可以更为灵活地与其他类型的设计结合起来使用，这样可以明确实验处理的效果、测量干预的维持效果，或者评估干预因素的作用。

第9章 多处理设计[①]

前面的章节介绍了几种不同的设计方法来证明某一干预（或处理措施）对目标行为的影响，但有时研究者可能想要比较两种或多种干预方法对多种行为和多名被试的影响，多处理设计（Multiple Treatment Design, MTD）可以帮助研究者实现这一目标（Barlow & Hersen, 1984; Holcombe, Wolery, Gast, 1994; Tawney, Gast, 1984）。这一设计又被称为变更条件设计（changing conditions design）、ABC 设计或多处理倒返设计（multiple treatment with reversal design）（Alberto, Troutman, 2009; Cooper, Heron, Heward, 2007）。这种设计可以解决以下问题：①干预 1 比干预 2 更有效吗？②干预在情况 A 中比在情况 B 中更有效吗？③干预在水平 A 中比在水平 B 中更有效吗？（Holcombe et al., 1994）因为多重处理设计的主要目的是评估两种干预方法（或一个干预的不同变式）的相对效果，这类研究通常会关注那些曾在移除／倒返设计或多基线设计中已被证明有效的干预策略。本章将对多处理设计的一般特征进行描述，并讨论多处理设计的一些常用变式，以及实施多处理设计的关键步骤，还会在应用研究文献中选择一些实例对此设计加以说明。

多处理设计的特征

多处理设计使研究者能够比较两种或多种干预方法（或不同处理情况）对某一目标行为的影响，它是 A-B-A-B 倒返设计的扩展形式。为了证明干预效果，就需要在连续的实验阶段中反复使用倒返干预方法。表 9.1 介绍了多处理设计的重要特征。如图 9.1 所示，这一设计包括两种基本的设计结构。第一种是没有基

[①] 本章由犹他大学的约翰·麦克唐奈、蒂莫西·里森（Timothy Riesen）和盐湖城威斯特敏斯特学院的尚比·波利赫罗尼斯（Shamby Polychronis）共同撰写。

线期的多处理设计（B-C-B-C），该设计中干预至少倒返了两次。然而为了证明干预对目标行为的不同影响，研究者可以在必要时多做几次倒返。

表 9.1　多处理设计的特征

多处理设计	
目的	比较两种或多种干预方法或处理情境对同一行为的影响。
主要特征	对被试反复进行倒返干预或处理。
设计优势	能够比较多种干预的不同效果； 有些设计变式可以立即实施干预或处理，因为(a)不需要基线期，和/或(b)在跨被试或跨行为研究中，不需要延迟干预的介入。
设计劣势	可能不适合建立新（不可逆的）行为； 处理或干预的反复倒返可能与学校或其他服务机构的正常教学模式不太契合； 需要研究者控制干预实施顺序和遗留效应对结果的影响。

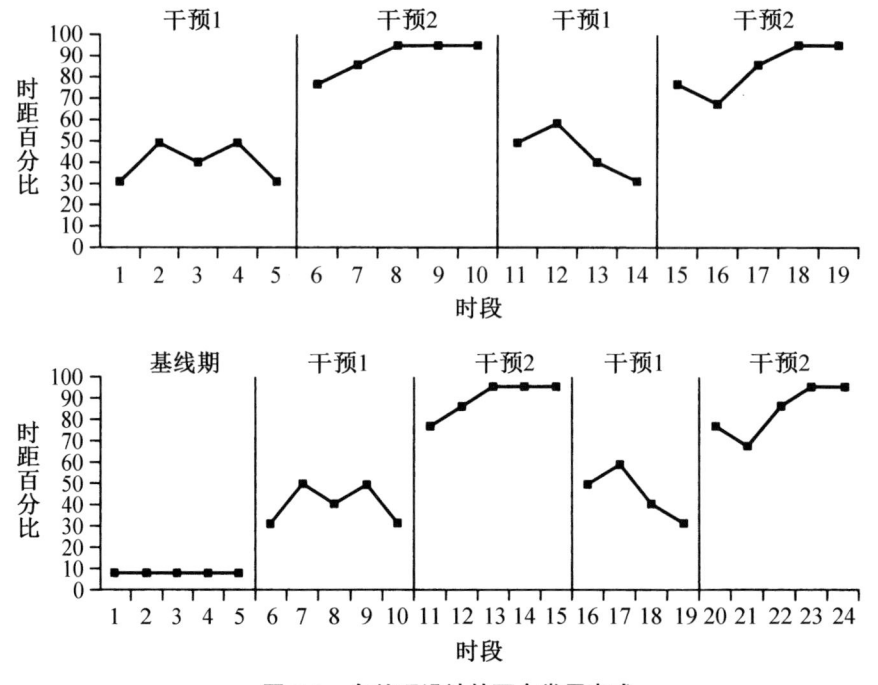

图 9.1　多处理设计的两个常用变式

第二种常见的结构是带有基线期的多处理设计（A-B-C-B-C），在这个结构中，研究从基线期开始，目的是确立被试的目标行为在干预前的水平。一旦被试的行为表现趋于稳定，就可以开始进行长达数阶段的第一次干预，随后进行第二次干预。研究中至少需要两次倒返干预，直到观察出不同的干预效果为止。虽然这种设计可以直接对两种干预进行比较，但不能全面地比较出被试在干预期和基线期的行为表现，这是因为在一个研究中，只有两个相连的阶段才可以做出合理的比较。所以，虽然研究者可以将被试基线期（A）的数据与第一个干预期（B）的数据进行比较，但不能和第二个干预期（C）的数据进行比较。

多处理设计是一个非常灵活的设计方法，它能让研究者任意比较几种干预的效果，以下会对多处理设计的常用变式加以详细阐述。

多处理设计中的自变量是被比较的干预措施（或是处理情况），因变量是目标行为的变化。每一个实验阶段收集的数据在图表中分开绘制，研究者可以采用此书第4章所描述的视觉分析方法来判定两个相邻阶段中干预效果有无差异。当每一种干预对目标行为产生的影响前后一致且各不相同时，研究者就可以认为对该被试而言，一种干预比其他干预更为有效。

例如，一个多处理设计比较了在常规的数学教学时段内，教师实施的社会性强化法和学生自我监控法对四名残疾学生学习参与度的影响。研究者开始收集学生参与度频数的基线期数据，直到被试建立起稳定的行为表现为止。随后介入社会性强化，干预时长为预先计划好的阶段数。在每阶段中教师呈现学习任务后，研究者可以追踪学生参与任务的时间，并在图中绘制出来。随后，研究者也按照预先计划的阶段数介入自我监控策略，在此研究中两种干预措施至少要倒返两次，能够持续提高学生学习参与度的干预就被认为是最有效的。

若研究者想要比较两种或多种干预对可逆目标行为的效果，那么采用多重处理设计是一个很好的方法（Holcombe et al., 1994）。通常来说，当移除干预时，这些行为很容易回归到干预前的水平（Gast, Wolery, 1988; Holcombe et al., 1994; Sinderlar, Rosenberg, Wilson, 1985）。在应用研究中可逆行为的例子包括：注意行为、同伴间的社交互动行为、自我激励行为以及姿势的调整。然而，与其他形式的倒返设计不同，多处理设计并不需要所研究的行为回到基线期水平。反之，多处理设计的关注点是连续相邻的两个实验阶段（A-B-C-B-C-B-C设计），以及比较两个相邻的干预对目标行为的效果差异。多处理设计的一个基本的假设是在研究中，每一次干预的倒返都能对目标行为产生持续且不同的影响。这一独特特征使其不能应用于考察干预对不可逆行为的影响研究中，如阅读、数学或沟通技能。例如，一旦被试学会了正确完成个位数的加法题，就很有可能返回不到之前的表现水平。

此外，多处理设计会因为顺序效应（sequence effects）和遗留效应而影响其内部效度。顺序效应是由介入干预的顺序导致的。在上面所提到的个案中，如果社会性强化和自我监控策略都按照同样的顺序介入到所有被试，研究者就很难评估目标行为的改变是由干预所致，还是仅仅由干预实施的顺序引起的。

遗留效应是指一个干预可能会对其他干预产生影响，当两个干预相继实施时，前一干预的效果还可能在下一个干预中存在（Barlow & Hersen, 1984; Holcombe et al., 1994; Tawney & Gast, 1984）。在上面所提到的个案中，社会性强化在某些方面的影响可能会"遗留"在自我监控的实施过程中。例如，教师与被试的身体靠近行为在社会性强化情况下是一种有效的强化物，但在自我监控情况下可能会影响被试的行为表现。这种干预间的交叉可能会对目标行为产生两种影响。第一，一种干预的实施导致第二种干预效果的减弱，这种现象被称为对照效应（contrast effects）。第二，一种干预的实施导致第二种干预的效果的提升，这种现象被称为诱导效应（induction effects）。在多处理设计中，因为需要重复地进行倒返干预，遗留效应存在的可能性很高。下文将详细描述在多处理设计中，为了控制顺序效应和遗留效应研究者需要采取的步骤。

实施多处理设计

实施单一个案调查研究时需要遵循的一般步骤在前文中（参见第 1 章至第 4 章）已有所介绍，研究小贴士 9.1 介绍了成功实施多处理设计所需的基本步骤。多处理设计的独特结构需要研究者在设计和实施时在以下方面特别注意：第一，为了证明实验控制性，研究者需要确保干预效果得到充分的复制；第二，有计划地介入干预以控制可能产生的顺序效应；第三，确保干预程序是相同的；第四，保证因变量测量的信度以及干预的忠诚度。

研究小贴士9.1　多处理设计实施清单

✓ 对因变量及其测量做出操作性定义。
✓ 对干预方法做出操作性定义，并确保干预程序相同。
✓ 在被试间或组间均衡介入干预措施，以控制顺序效应。
✓ 开始收集基线期的数据，直到被试的行为表现趋于稳定为止。
✓ 开始介入第一种干预，直到被试建立起稳定的行为表现为止。
✓ 开始介入第二种干预，直到被试建立起稳定的行为表现为止。
✓ 在研究中至少安排两次倒返干预。

复制干预效果

多处理设计的目的是对两个干预的效果进行比较，或评估不同情况下某一干预的效果。如上文所述，这一目的是通过在单一行为或单一被试上设置重复性的倒返干预来实现的。如果一个干预在相邻的实验阶段对目标行为产生了重复影响，就证明这种干预比其他干预更为有效。然而，在单一行为或单一被试上简单地复制干预效果并不足以让研究者得出有力的结论证明干预的有效性。如上文提到的，研究者通常认为干预效果应该至少在三个不同的被试、行为或情境中进行了复制，才能清晰地证明实验控制性。

在多处理设计中解决这一问题的一个办法就是在跨被试、跨行为或跨情境的同时进入基线期（图9.2）。在这个设计中，实验阶段的实施顺序是独立进行的，并形成了跨基线期平行的态势。第二个办法是采用多基线设计的结构，在跨被试、跨行为、跨情境的情况下延迟实验阶段的实施顺序（图9.3）。一般而言，多基线设计比同时性设计更能有效地控制威胁内部效度的因素。然而，多基线设计在很多研究情境中是有问题的，因为该设计需要运用大量的资源去收集多个被试、行为或情境下行为表现的数据，以及延长基线期可能会给被试带来负面的感受。此外，延迟干预可能会使被试处于不利的情境中。

设计干预计划表，控制顺序效应

如前文所述，多处理设计非常容易出现顺序效应，这就要求研究者必须采取措施来控制这一威胁内部效度的因素。一种方法是尽量在跨被试或跨组中均衡介入干预。在上文的案例中，研究者可能对被试1和被试3首先介入社会性强化，然后介入自我监控策略。为了控制可能出现的顺序效应，研究者可以均衡介入计划安排，对被试2和被试4首先介入自我监控策略，随后再介入社会性强化。这样可以减少干预实施顺序给被试的目标行为带来的影响。在跨行为和跨情境的设计中，都可以采用类似结构来均衡干预介入的顺序。

确保干预程序相同

研究者在设计研究时必须确保干预只在需要比较的相关要素上有差异，其他变量应保持最大限度的一致性。如果不进行这方面控制的话，研究者很难判断目标行为的改变是由干预还是由其他因素所致。在上文的例子中，如果社会性强化的干预期比自我监控的干预期长，就很难判定被试学习参与度的改进是由社会性

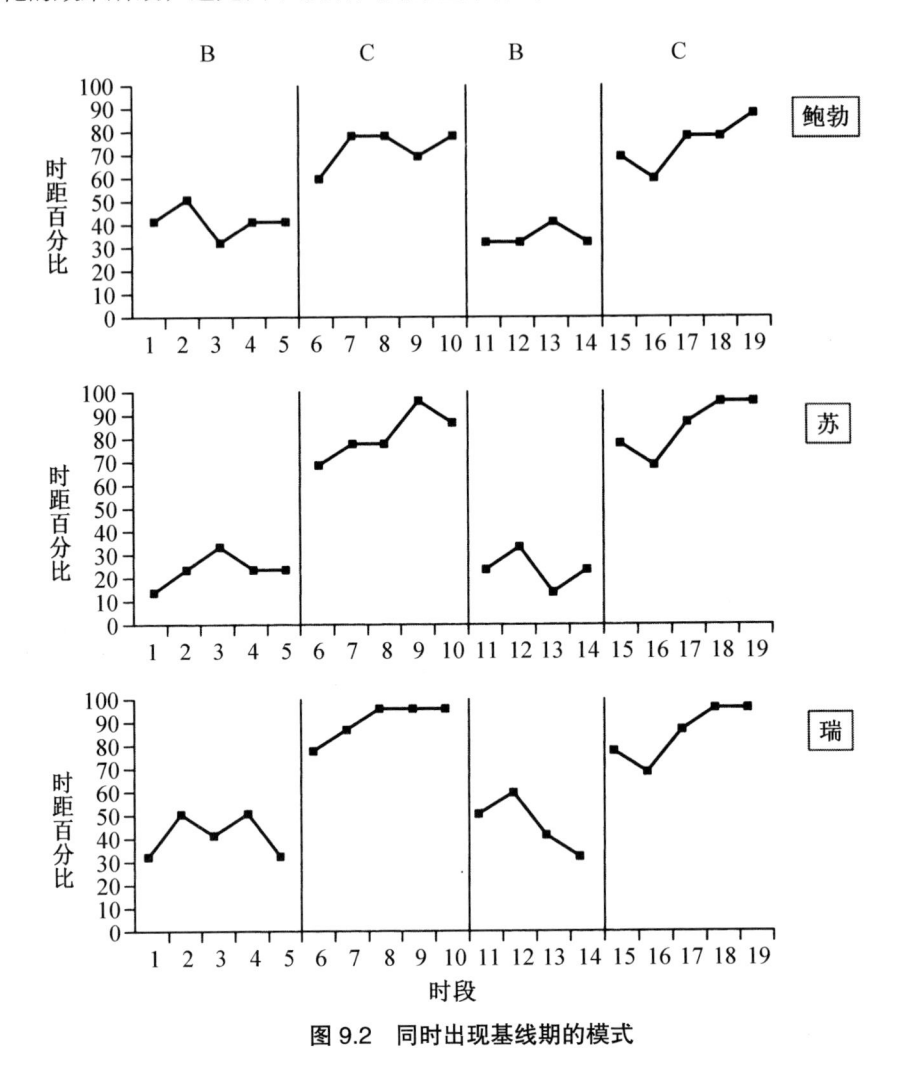

强化的效果所致，还是由干预期长度的差异所引起的。

图 9.2　同时出现基线期的模式

解决这一问题的关键方法是，在研究开始之前就对干预实施的步骤进行仔细界定。通常研究者需要保证干预程序的变量是一致的，如被试接受干预的时长、干预实施的人员、地点及时间一致等。确保这些因素能被有效控制的一个实际方法就是制定一个干预脚本，里面包括研究者实施干预的详细步骤，这个脚本也为处理忠诚度的评估提供了框架。

确保干预的忠诚度

多处理设计的结构使研究者需要对干预实施的忠诚度进行定期检查。跨被试、

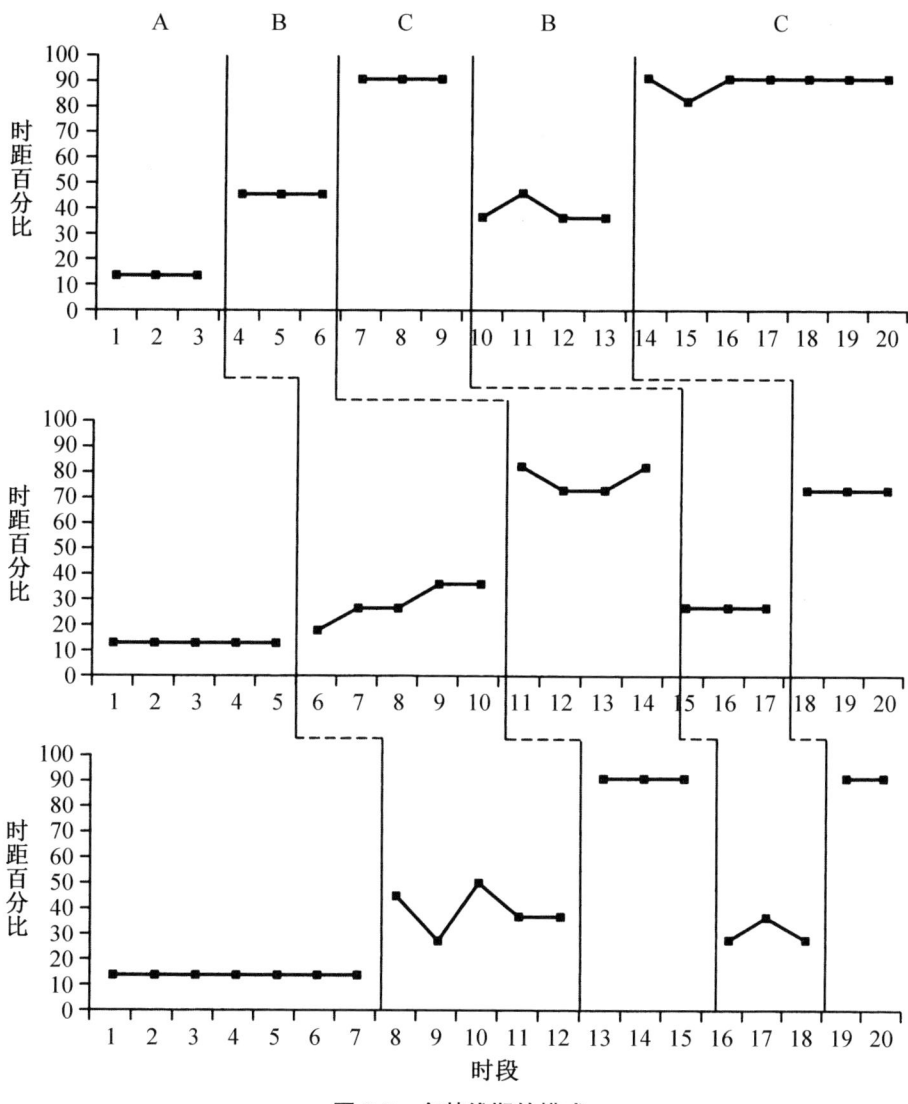

图 9.3　多基线期的模式

跨行为、跨情境的干预包括大量变式，这会影响研究的内部效度。本书第 2 章详细介绍了评估单一被试研究忠诚度的步骤。在多处理设计中虽然没有经过实证证实的指导准则，但研究者一般建议对每个干预 25% 时段的内容进行忠诚度评估。

设计变式

在过去的几十年里，应用研究文献记载了多种多处理设计的变式（Holcombe et al., 1984; Holcombe et al., 1994）。其中一种变式是研究者在倒返干预阶段之前把每一个干预期和基线期倒返（A-B-A-C-A-B-C-B-C 设计，见图 9.4a）。这种设计初始是一系列的移除阶段，目的是比较干预期和基线期的行为差异，随后是干预的反复倒返。把这种设计应用到上文的案例中，实验阶段的先后顺序就是基线期、社会性强化、基线期、自我监控、基线期、社会性强化、自我监控、社会性强化和最后的自我监控阶段。这种结构能让研究者比较被试在每一个干预期和基线期的行为表现，然后直接比较不同干预阶段对目标行为的反复效果。此外，这种设计还能让研究者识别出干预对目标行为的遗留效应。在最初的实验阶段，研究者在移除每一个干预之后，期待被试的行为表现回归到基线期水平。如果没有回到基线期水平，则证明干预存在遗留效应。

多处理设计的第二种变式能够让研究者比较单一干预和组合干预的效果差异（A-B-BC-C-BC，见图 9.4b）。在上文案例中，研究者除了评估单独使用社会性强化和自我监控策略的效果外，还有可能想要评估两种干预的组合对学生学习参与度的影响。这种问题可以通过一系列的倒返设计解决，其一就是将单个干预（B 或 C）和组合干预（BC）进行比较。

多处理设计的最后一个变式能够让研究者评估第二个变量对干预效果的影响（A-B-A-B-BC-B-BC 设计图 9.4c）。将前两个基线期和干预期倒返，其目的是确定干预对目标行为的独特影响。之后把第二个变量加入干预之中（BC），对这一额外干预阶段（BC）和前面的干预（B）进行倒返，以此评估第二个变量对干预效果的影响。

应用研究文献中的实例

研究人员（Narayan, Heward, Gardner, Courson, Omness, 1990）曾采用多处理设计评估六名四年级学生在社会学课堂上，运用举手或应答卡片的方法对获得教师提问机会的作用。该研究的主要因变量包括在大组授课中学生回答教师提问的次数、回答的正确率以及班级所有学生的每日测验成绩。社会学课程包括 20 分钟的大组教学，随后是测验。教师用投影仪介绍社会学的案例和相关概念。在授课的最初 10 分钟，教师对全班进行提问，随后学生对每个案例或概念进行讨论。在接下来的时间内，教师提出一系列的问题，目的是复习此前呈现的案例和概念。在干预阶段，学生需要举手且手高过头部，并在教师点名之后口头回答问题。点名方式是随机的，这样可以确保每名学生有同样的被点名的机会。当学生答对问题时，教师会给予学生口头表扬；如果学生没有答对问题，教师会反馈给学生正确的答案。

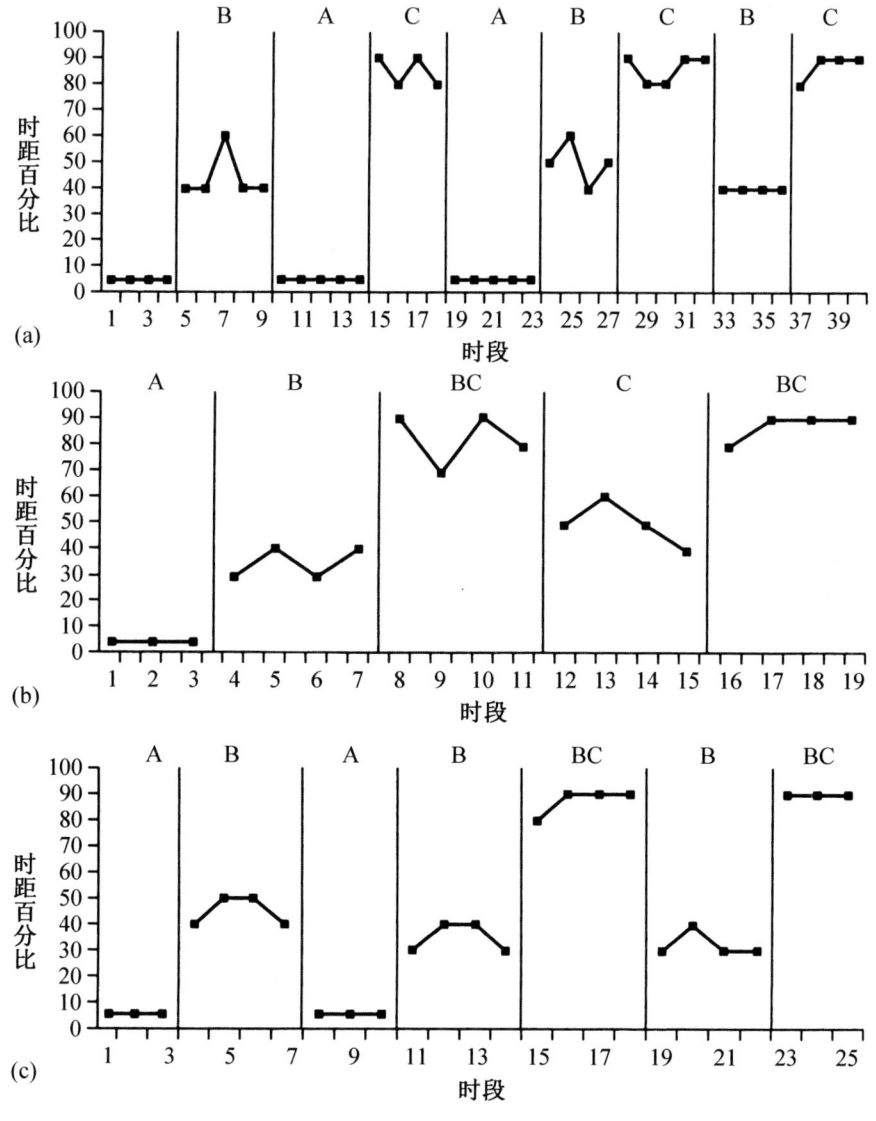

图 9.4　多处理设计的变式

在运用应答卡片进行干预时，教师发给所有同学一张薄板状的卡片，学生可以在上面写出问题的答案。教师在提问之后，会要求学生把答案写在卡片上。五秒钟之后，他们需要把卡片举起来展示给教师。教师快速地浏览每名学生的卡片，随后对全班做出反馈。如果班里每个人都回答正确的话，教师将提供社会性强化。如果有一些学生回答错误，教师则会给予正确答案的反馈。

图 9.5 是六名被试在每个干预阶段获得应答机会的数量。根据这些数据，研究者认为应答卡片比举手更为有效，因为教师在使用应答卡片进行教学时能够给学

生更多的机会做出应答。就六名学生回答问题的正确率而言，两个干预情况下的表现是完全一样的，虽然在应答卡片干预阶段需要学生更高的正确率。最后，数据表明，在使用应答卡片的情况下，班里所有学生每日测验成绩的平均分数得到了提高。

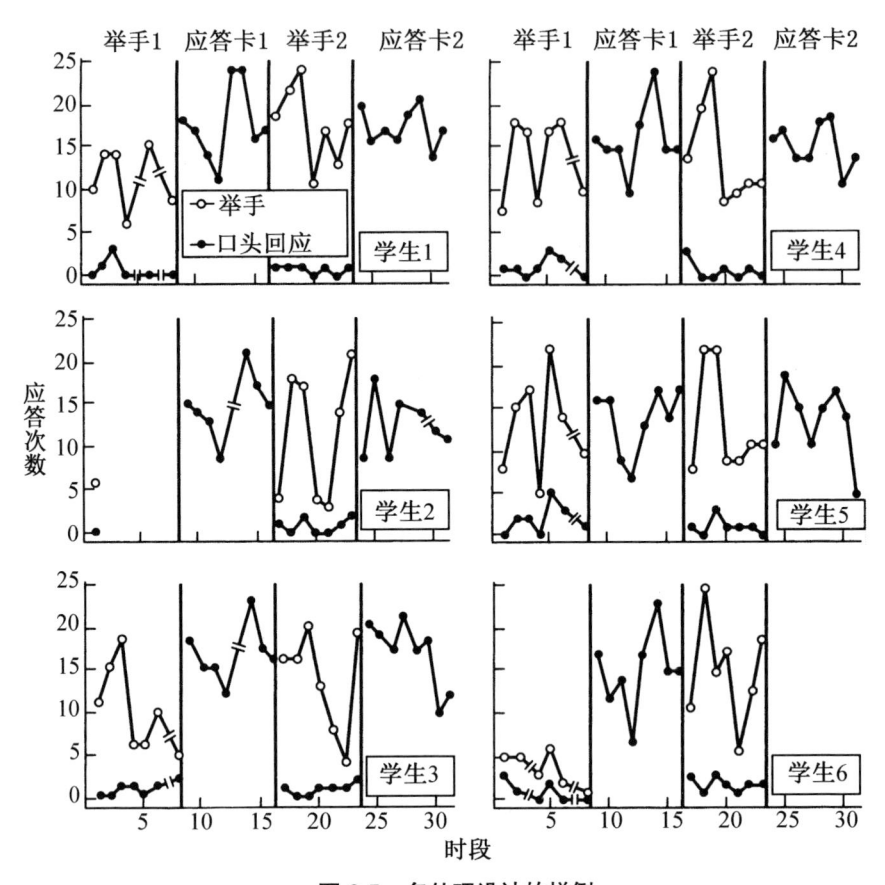

图 9.5 多处理设计的样例

资料来源：Narayan, J. S., Heward, W. L., Gardner III, R., Courson, F. H., Omness, C. K. (1990). Using response cards to increase student participation in an elementary classroom. *Journal of Applied Behavior Analysis*, vol. 23, pp. 483-490. 同意翻印。

在最近的一项研究中，研究人员（Patel, Piazza, Martinez, Volkert, Santana, 2002）运用多处理设计，来评估不同干预方法对三名有进食障碍的幼儿拒食行为的影响，干预方法采用差别强化并配合一个儿童较喜欢的活动，以及差别强化并配合逃避消退法，考虑这两种干预方法的效果差别。本研究的因变量是当治疗师给予儿童食品或饮料时，儿童接受食品或饮料的回合所占比例，以及儿童嘴里不留食物（也就是没有吐出食物）的回合所占比例。在每一个干预阶段，接受食物和嘴里不留食物交替出现。在第一个干预中，当儿童能接受治疗师给的食品或饮料时，他们就可以玩 20 秒钟儿童椅的托盘或桌上的自己喜爱的玩具。如果儿童拒绝食品或饮料（如哭、拍打手、转头）就撤离勺子或杯子达 30 秒钟。在针对嘴里不留食物行为的干预中，也采用同样的差别强化法。若儿童吐出食品或饮料，不采取差别强化处理措施。在第二个干预中，对这两个行为都采用了差别强化的方法，但都添加了逃避消退法。如果儿童拒绝食品或饮料，治疗师不会撤离勺子或杯子。如果儿童的嘴里不留食物，治疗师会再次提供一勺食物给儿童。

图 9.6 是其中一个被试的数据展示图。研究者认为单一的差别强化不能显著提高被试接受食物或嘴里不留食物的行为。然而，当把两个方法结合起来使用时，对两个目标行为都产生了作用。

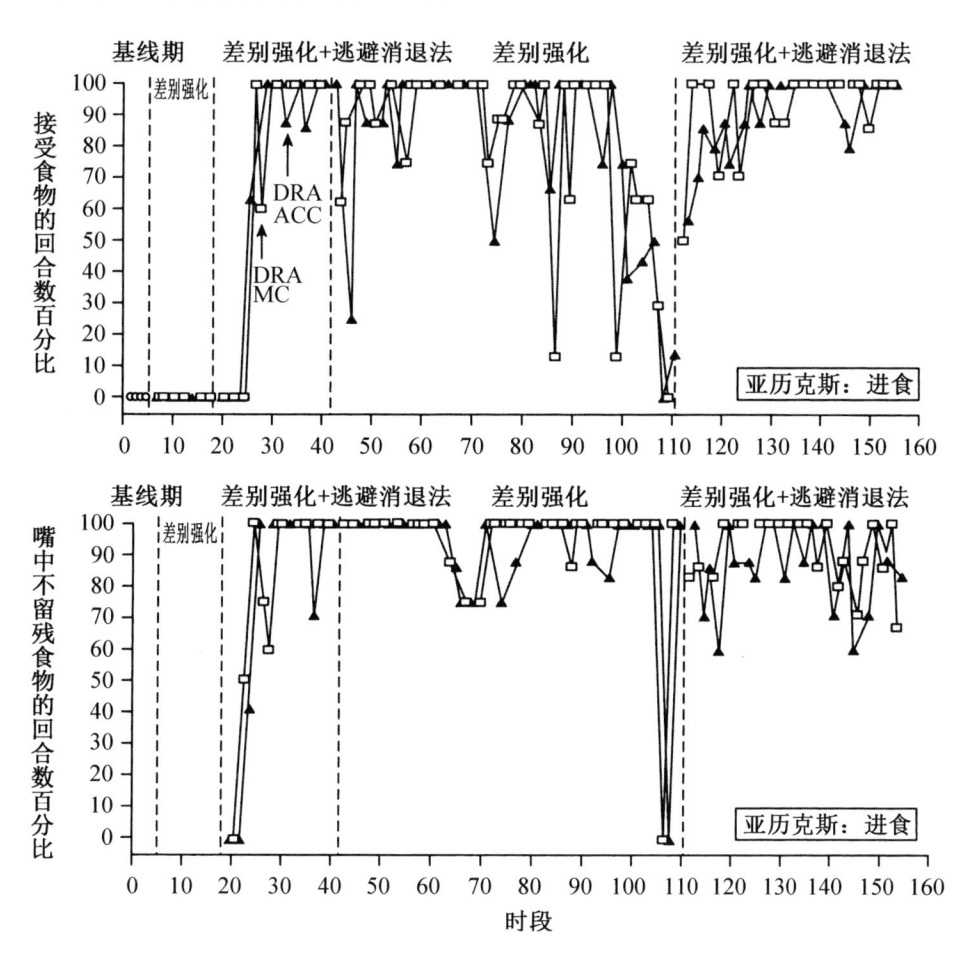

图 9.6 多处理设计的样例

资料来源: Patel, M. R., Piazza, C. C., Martinez, D. J., Volkert, V. M., Santana, C. M. (2002). An evaluation of two differential reinforcement procedures with escape extinction to treat food refusal. *Journal of Applied Behavior Analysis*, vol. 35, pp. 363-74. 同意翻印。

结束语

多处理设计能让研究者比较两种或多种干预效果对单一行为的影响，这一目的是通过研究中重复性的倒返干预达到的。也正因为如此，多处理设计只适用于研究可逆行为。与所有的移除或倒返设计一样，多处理设计也容易受到顺序效应和遗留效应的影响，因此，研究者为了保证研究的内部效度，就必须进行一些设计，来控制顺序效应和遗留效应。尽管存在这些限制，当研究者需要对比应用情境中不同干预的效果时，多处理设计仍然是一种不错的选择。因为这一设计具有灵活的结构，可以使研究者进行任何数量的比较，同时，多处理设计也存在一些变式，可以省略基线期而直接进入干预阶段。

第10章 交替处理设计[①]

交替处理设计（Alternating Treatment Design, ATD）允许研究者在仅有一个或一组被试的实验中比较几个不同干预策略（或干预条件）的效果（Barlow & Hersen, 1984; Holcombe, Wolery, & Gast, 1994; Tawney & Gast, 1984）。这种设计也被称为多成分设计（Multielement Design, Ulman, Sulzer-Azaroff, 1975）、多程序设计（Multiple Schedule Design，Barlow & Hersen, 1984）、并行程序设计（Concurrent Schedule Design, Barlow & Hersen, 1984）、同时程序设计（Simultaneous Schedule Design, Kazdin & Hartmann, 1978）。与多处理设计（Multiple Treatment Design, MTD）不同，交替处理设计中每个干预策略不是按顺序先后实施的，而是同时施加于被试的。因此，这在研究者比较干预效果时，有很多实际的优势。本章将介绍交替处理设计的关键特征、使用步骤，同时还在应用研究文献中选择一些实例对此设计加以说明。

交替处理设计

交替处理设计的特征

交替处理设计可以用来比较两种或两种以上干预对一种行为的干预效果。在不同干预单元中频繁、交替实施不同干预（处理条件）可以实现这一目的。在研究设计中，每种干预都需要通过交替、循环或随机的方式呈现（Alberto & Troutman, 2009; Cooper, Heron, Heward, 2007）。例如，如果想比较两种干预策略的效果，研究者可以采取以下几种方式：第一，每周交替呈现 [例如，第一

[①] 本章由犹他大学的约翰·麦克唐奈、马修·詹姆森（Matthew Jameson）和美国研究院的泰西·罗斯（Tessie Rose）共同撰写。

周实施干预策略 1（B），第二周实施干预 2（C），以此类推]；第二，每天交替呈现[例如，周一实施干预 1（B），周二实施干预 2（C），周三实施干预 1（B），周四实施干预 2（C），以此类推]；第三，在同一天的不同时段交替呈现[例如，上午实施干预 1（B），下午实施干预 2（C）]；第四，在同一干预单元的不同时段交替呈现[例如，前 15 分钟实施干预 1（B），后 15 分钟实施干预 2（C）]。如果想比较三种及三种以上干预效果，研究者需要开发一个固定的转换日程，提前设计好每一种干预的呈现顺序（例如 B-C-D；C-D-B；D-C-B），最终使不同干预能够随机呈现给被试（例如 B-C-C-C-B-B-C-B）。

表 10.1　交替处理设计的特征

交替处理设计（ATD）	
目的	比较两种或两种以上干预或处理条件在一种行为上的干预效果。
一般特征	在一个或一组被试上迅速、交替呈现干预或处理条件。
设计优势	能够用来比较多种干预的效果； 由于干预不需要在跨被试或跨行为间延迟介入，所以允许使用更加及时的干预或处理； 不需要基线期。
设计劣势	可能不适用于新行为（不可逆行为）的训练和干预； 多种干预或处理的交替和轮换可能会打乱学校或服务机构的常规秩序； 需要研究者严格控制被试接受干预或处理的数量以保证内部效度，如接受干预或处理条件、实施干预或处理的人员，以及干预或处理实施场所等因素。

表 10.1 对交替处理设计的关键特征进行了总结。交替处理设计有两种常见的设计模式（图 10.1）。第一种，也是最常见的一种设计模式中，研究者并不需要对被试进行基线期的观察和记录。第二种设计模式则包括基线期、干预比较期以及撤去干预后回到基线水平的时期（Holcombe et al., 1994）。然而，还有一些设计不需要有撤去干预后回到基线水平的时期，而是需要研究者增加一个单独实施"最有效"干预策略的第三段时期，这些设计将会在下文中进行更加详细的论述。

交替处理设计研究中的自变量是将要比较的干预或处理条件，主要的因变量包括目标行为的改变情况及其改变速度。实验过程中要对不同时期目标行为的改变情况进行持续的跟踪和记录，并在单独的数据图中进行详细记录，绘制出数据路径图。

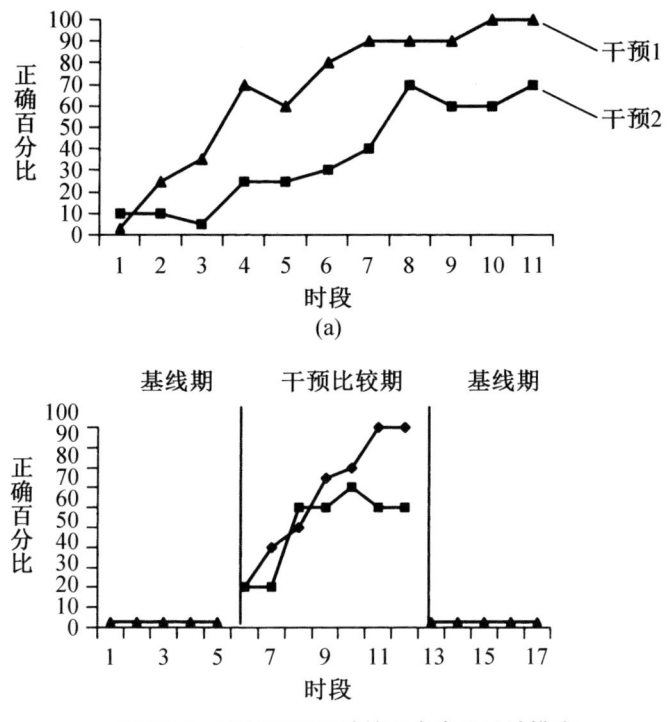

图 10.1　交替处理设计的两个常见设计模式

其他单一被试实验设计要求被试的行为表现水平达到相对稳定后才能改变实验条件，而交替处理设计中的干预策略可以独立于被试的反应水平进行操作。通过考察被试在接受不同干预时数据路径图的差异来判断实验控制性。在判断实验控制性是否有效时，研究者必须考虑每一个数据路径图的趋势、变化以及不同干预路径图中重叠的部分。如果满足以下条件，我们就可以认为一种干预的效果具有明显的优势：第一，引起被试的目标行为较为持续、较大幅度、较快速度的变化；第二，使被试的行为表现处在较为稳定的水平；第三，大部分数据点落在其他干预数据点的数值范围之外。

例如，研究者想要考察同一所小学的两种不同操场活动情境下四名智力障碍学生与其他同伴进行社交互动的频数。在实施干预之前，研究者需要对休息时间儿童社会互动行为发生频数的基线水平进行记录，当基线水平达到稳定后，研究者就可每天向被试交替呈现不同的室外活动情境，跟踪记录每种环境中儿童社会互动行为的频数。能够使所有学生均表现出较多社会互动行为的室外活动情境则是更有效的一种。

尽管交替处理设计为研究者比较干预策略的效果提供了有效的方案，但多种干预策略的同时呈现，也从遗留效应和顺序效应两方面为该类研究的效度带来了消极影响。

首先，交替处理设计中的多种干预策略之间非常可能产生遗留效应，目标行为的改变很有可能是由于两种干预策略的同时实施产生的。两种策略的遗留效应可能会影响被试在一个或多个实验条件中的表现。在一些案例中，这种影响还可能会削弱其中一种干预的效果（即对比效应），而在另外一些情况下，则可能会增加另一种干预策略的效果（即诱导效应）。例如，在上述例子中，活动情境一有可能削弱或增加活动情境二对被试社会互动行为的影响。

顺序效应的产生是由于研究过程中对被试实施的每种干预方法的呈现顺序。如果两种干预以相同的顺序呈现给所有的被试，很有可能干预的效果仅仅是这种干预呈现顺序的结果。在上述例子中，如果两种活动情境以相同的顺序呈现给所有儿童，那么将很难判断所观察到的不同，是由两种干预的整体效果导致还是仅仅是呈现顺序的作用。

为了尽量将上述两种因素以及其他因素对研究内部效度的消极影响降到最低，研究者应当谨慎选择合适的设计模式，对研究进行周密的计划和实施。下面将着重探讨进行交替处理设计模式选择和实施过程中的一些关键问题。

实施交替处理设计研究

本书的前面部分讨论了许多单一被试实验研究的一般步骤。研究小贴士10.1列出了实施交替处理设计研究的一般步骤。交替处理设计的独特构成为研究者成功设计和实施研究带来了方法上的挑战，主要包括：①制作跨被试控制和呈现干预效果的时间表；②控制每种干预策略对一个或一组被试的实施；保证不同干预策略实施程序上的一致性；③保证干预效果评估的信度以及干预策略的忠诚度。

研究小贴士10.1　交替处理设计研究检核表

✓ 选择能够评量干预有效性和效度的指标，并进行操作性定义。
✓ 将干预实施的步骤进行操作性定义，保证多种干预策略在程序上是相等的。
✓ 均衡跨被试或跨被试组介入每种干预的次数和顺序。
✓ 初始的基线期需要详细记录数据，直到被试的行为表现趋于稳定。
✓ 实施干预，直到不同干预策略的效果间出现可观察到的差异为止。
✓ 在基线期以及干预比较期按照数据收集程序来收集信度数据。

安排干预策略的呈现顺序

如前所述，交替处理设计研究容易受到顺序效应的影响。有学者指出，如果能在干预期之间或干预期内的不同阶段对干预策略进行迅速地交替呈现，会降低顺序效应的影响（Barlow & Hersen, 1984; Holcombe et al., 1994; Tawney & Gast, 1984）。这一策略的假设是，每种干预的较短时间呈现会降低其对另一干预产生影响的可能性。

然而，研究者也可以通过开发一个日程表，控制呈现给被试的每种干预策略，以进一步降低顺序效应发生的可能性。一种选择是跨被试间的均衡策略，即以相反的顺序对不同被试实施干预，但接受每种干预的总次数相同。具体说来，对第一个被试，先从干预策略 1 开始实施，进而实施干预策略 2，在整个研究过程中均采用这一顺序；对第二个被试，则先实施干预策略 2，然后实施干预策略 1。在上述讨论不同操场活动环境效果的例子中，对于被试 1 和被试 3 的干预顺序为环境 1，然后是环境 2，而对被试 2 和被试 4 的干预顺序与此相反。

第二种选择是建立干预呈现的随机顺序表。同样，在上述案例中，研究者将运用随机数列表，产生对被试 1 干预条件实施的随机顺序表，决定环境 1 和环境 2 的呈现顺序，并采用相同的步骤为其余被试分别建立随机顺序表。由于被试并不能预测他们接受干预策略的顺序，因此这种方法有利于降低顺序效应的影响。但是，这种以随机顺序呈现的干预策略可能会与很多学校或其他实践机构的教学常规和管理产生一定的冲突。

控制对干预或条件的呈现

在采用交替处理设计进行研究时，需要考虑的另外一个关键因素是保证被试在研究过程中得到相同质量和数量的干预，否则研究者无法判断干预效果的不同究竟是由被试接受干预类型的不同，还是由干预质量和数量的不同导致的。在上述案例中，如果被试在操场活动环境 1 中持续 30 天，而在操场活动环境 2 中仅持续 20 天，那么很难判断干预效果是由干预本身还是由干预时间的差异引起的。同样，如果每种干预呈现的天数相同，但操场活动环境 1 所持续的干预时间比在操场活动环境 2 的干预时间长（例如每天在环境 1 中活动 20 分钟，而在环境 2 中活动 10 分钟），也是有问题的。因此，为解决这一问题，研究者必须保证被试在不同干预条件下接受相同数量和质量的干预（如在操场活动环境 1 中持续 20 天，以及在操场活动环境 2 中持续 20 天）。同时，在每天的干预时间、接受的指导数量等方面，研究者均要保持一致。

保持干预程序的一致性

研究者在设计研究时必须保证干预中程序要素得到控制，这涉及谁来实施干预、在哪儿实施干预以及干预实施的时间等问题，目的是保证实施不同的干预时这些程序因素没有显著差异。在上述例子中，如果在两种操场活动环境中由两名不同的教师对学生进行干预，那么很难判断干预效果究竟是由干预环境还是由教师的不同引起的。同样，如果两种干预在学校操场的不同位置实施，研究者也会遇到类似的问题。理想的状况是研究者在进行研究设计时保证这些程序要素在所有的被试和干预方面保持一致。然而，很多条件的限制使这种一致性很难完全实现，因此，研究者需要采取其他策略来尽量消除此类因素在解释目标行为变化时的干扰。上文中提到的"均衡策略"是解决类似问题的有效方法。在上述案例中，可以在不同被试上变更，也可在不同的操场活动区域内变更来得到干预效果的均衡。

被试表现测量的信度及干预的忠诚度

交替处理设计的独特性对研究者提出了以下要求：第一，对被试表现的数据收集过程的信度进行定期评估；第二，在干预期对干预实施的忠诚度进行持续评估。在设计这些评估步骤时研究者需要在研究的不同阶段对自变量、干预以及被试实施一致的观察。如果研究者不能解决好类似问题，那么在对实验控制性的评估上，以及排除导致干预效果的其他因素时，将遇到很大困难。

交替处理设计的变式

最基本的交替处理设计只包含一个干预比较期（见图10.1），也就是说把要比较的干预策略同时引入，在不同干预时段或同一干预时段的不同时期在每一个被试上迅速、交替地实施，直到某一种干预在目标行为的达成上表现出明显不同的效果。然而，在另外一种较为常用的设计中，研究者加入了一个基线期，记录目标行为的稳定水平。同样，在干预比较期、不同干预时段或同一干预时段的不同时期对每一个被试迅速、交替地实施将要进行比较的干预策略，直到某一种干预策略在目标行为的达成上表现出明显不同的效果。一旦确定了效果最好的干预策略，研究者即开始另外一个基线期的记录，即撤去所有的实验干预，与其他移除设计一样，研究者期望看到目标行为的表现又回到最初的基线水平，从而更清楚地记录实验控制的效果。

加入"零处理控制期（no-treatment control condition）"的交替处理设计

为了省去干预期后的基线期，研究者可以在干预比较期中加入一个"零处理控制"的处理（图 10.2a）。在上述对儿童社会互动行为进行干预的例子中，研究者在研究设计中可以每隔两天加入一个"零处理控制期"，即在这一天儿童不接受任何干预，这使研究者可以在整个研究过程中对干预的影响与基线水平进行连续比较，从而为实验控制的效果提供证据。然而，同样重要的是，"零处理控制期"的加入能够提高研究者对干预间的交互效应的察觉能力。例如，被试在"零处理控制期"的行为表现也随着时间的变化而变化，那么研究者则需要警惕干预间交互效应的出现。

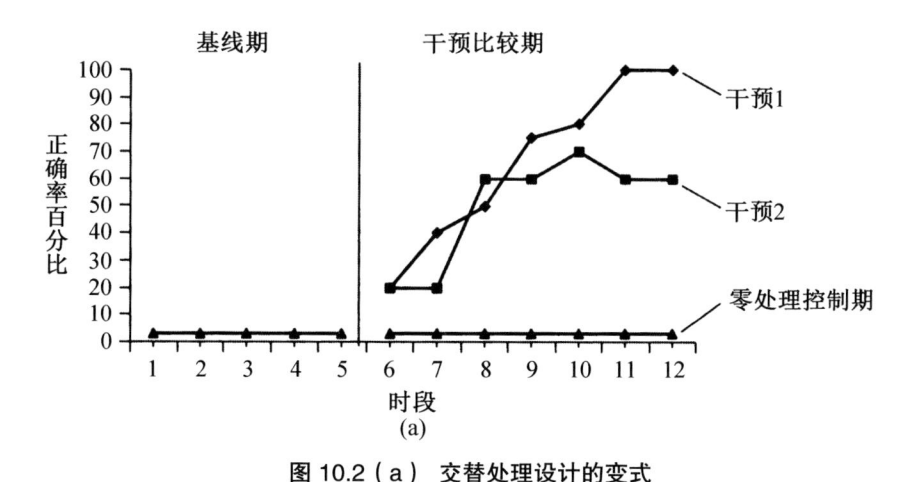

图 10.2（a） 交替处理设计的变式

加入"最佳处理期（best treatment phase）"的交替处理设计

交替处理设计的第二种变式是在干预比较期后加入一个只采用最佳干预策略的第三个实验阶段（图 10.2b）。这一阶段使研究者能够更好地评估"最佳"干预效果在目标行为上的变化。同时，第三个实验阶段同样能够帮助研究者察觉潜在的干预策略间的交互效应。如果干预效果是由干预间的交互效应导致的，那么这一阶段目标行为的表现水平将会降低。如果没有降低，研究者则可得出这样的结论，即目标行为的改变仅是由该干预的作用引起的。

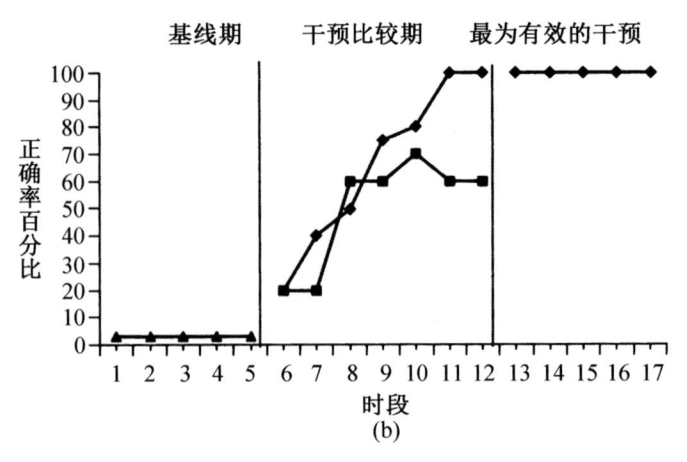

图 10.2（b） 交替处理设计的变式

改良型交替处理设计

改良型交替处理设计的特征

改良型交替处理设计（Adapted Alternating Treatment Design, AATD）的目的是，使研究者能够比较两种或两种以上的干预对两个独立行为的干预效果。在改良型交替处理设计中，每一个被试均要接受所有的干预策略，但每种干预针对的是不同的行为。此外，研究者要将干预在不同干预时段或者同一干预时段内向每一个被试交替呈现。表 10.2 总结了改良型交替处理设计的基本特征。通常，这一设计包含基线期和干预比较期（图 10.3）。然而，也有研究者为了检验是否有不同干预间的交互效应的发生，或者进一步考察最佳干预策略的效果，而在干预比较期后增加一个阶段。这些变式将会在下文中进行讨论。

与交替处理设计类似，改良型交替处理设计中的自变量是即将进行比较的干预，主要的因变量包括干预的有效性和效度。体现干预的有效性是通过在实验过程中对不同实验期目标行为的改变情况进行持续的跟踪和记录，并在单独的数据路径图中进行详细记录。如果满足以下条件，我们就可以认为一种干预具有明显的效果：第一，使单一被试或一组被试的目标行为产生持续、较大幅度、较快速度的变化；第二，使被试的行为表现处在较为稳定的水平；第三，大部分数据点落在其他干预策略的数据点的数值范围之外。

表 10.2　改良型交替处理设计的特征

改良型交替处理设计	
目的	比较两种或两种以上的干预或处理条件在两种相互独立行为上的干预效果。
一般特征	在一个或一组被试上迅速、交替呈现干预或处理条件。
设计优势	能够用来比较干预或处理条件在新行为或不可逆行为上的干预效果；能够用来比较多种干预的影响；由于干预不需要在跨被试或跨行为中"延迟介入"，所以允许使用更加及时的干预或处理。
设计劣势	多种干预或处理条件的交替使用可能会打乱学校或服务机构的常规秩序；需要研究者严格控制那些对内部效度带来潜在威胁的因素，例如被试接受干预的数量、实施干预或处理的人员以及干预或处理实施场所等因素。

例如，研究者想要比较两种应答提示策略（恒定时间延迟策略，以及最多到最少辅助系统策略）在四名残疾儿童高频词阅读技能提升上的作用。在研究进行之前，研究者需要确定一组每个学生都不认识的常用词，并将这些单词分为数目相等的两个教学单元，然后分别采用恒定时间延迟策略和最多到最少辅助系统对两个教学单元的单词进行教学。研究者需要建立基线，并使每个学生在每个教学单元上有稳定的表现，然后进行干预比较，即在学生每天的常规阅读时间交替使用两种提示策略，记录每个学生在每个干预期以及每种干预作用下的表现。干预比较期需要持续到学生对教学单元中每个单词的掌握水平都达到预先设定的标准为止，能够使学生以最快速度达到这一标准的干预方法则是最有效的策略。

与多处理设计（MTD）以及交替处理设计（ATD）相比，改良型交替处理设计能够更好地考察两种或两种以上干预在被试新行为（或不可逆行为）习得上的效果。多处理设计及交替处理设计一般用来评估两种或两种以上的干预在被试目标行为改变上的作用，而这种评估多针对撤去干预后有可能回到基线水平的行为，但对于不具备这一特征的行为，上述两种设计就存在一定的限制。因此，在上述案例中，要想比较恒定时间延迟策略和最多到最少辅助系统策略在四名残疾儿童高频词阅读技能提升上的作用，多处理设计以及交替处理设计就不是合适的选择。例如，如果对同一个教学单元的单词采用不同的提示策略，就很难区别两种策略的效果。同时，由于已经学会了阅读某些单词，即使在干预移除后，被试的阅读能力也不可能回到最初的基线水平。

虽然改良型交替处理设计是比较两种或两种以上的干预在被试新行为习得

方面作用的有效方法，但是它同样极其容易受到交互效应以及顺序效应的影响。此外，改良型交替处理设计还要求研究者选择难度相同且相互独立的目标行为（Gast, Wolery, 1998; Romer, Billingsley, White, 1988; Sindelar, Rosenberg, Wilson, 1985）。在实施改良型交替处理设计时，研究者要确保研究的目标行为对被试来说是难度相当的。否则，将很难判断被试的不同表现究竟是由干预的不同，还是由目标行为难易程度的不同而导致的。在上述例子中，如果两个单元的单词在阅读水平上有很大的差异，那么研究者将很难得出关于两种提示策略作用高低的有效结论。

此外，改良型交替处理设计还要求不同的目标行为要在功能上相互独立。换言之，研究者必须保证被试对一种行为的习得不会影响另一种行为的表现。例如，刷牙和写自己的名字就是两个在功能上相互独立的行为，因为一个行为的习得不会带来另一行为表现水平的提升。在上述例子中，研究者应该对高频词进行仔细的挑选和安排，避免出现交互效应。例如，避免分别出现"men"（男人）和"women"（女人）这样相互关联的词语，因为它们通常在很多学校的教材中配对出现。这两个词语在结构上的相似性，可能使被试在掌握其中一个之后立即学会另外一个。这些目标行为产生的交互效应，将会严重影响研究者记录由干预导致的实验控制性。

实施改良型交替处理设计研究

研究小贴士 10.2 呈现了成功进行改良型交替处理设计研究的一般步骤，在程序上与交替处理设计基本相同。研究者必须注意以下几点：第一，研究者必须均衡不同的跨被试间干预的介入与呈现顺序，或建立随机顺序表；第二，控制每个被试或每组被试接受每种干预的数量；第三，保证每种干预在实施步骤和程序上的一致性；第四，定期跟踪数据收集的信度，同时保证干预的忠诚度。但是，为了尽量降低前述因素对研究效度的影响，改良型交替处理设计对研究者提出了其他要求：第一，确定能够同时评估干预有效性和效度的因变量和指标；第二，建立评价干预相对有效性的标准；第三，保证不同的目标行为对被试来说具有相同的难度；第四，保证目标行为在功能上是相互独立的。

> **研究小贴士　10.2改良型交替处理设计研究的实施步骤**
>
> ✓ 选择能够评量干预有效性和效度的指标，并进行操作性定义。
> ✓ 确定目标行为在难度上相当，并在功能上是独立的。
> ✓ 将干预实施的步骤进行操作性定义，保证多种干预在程序上是一致的。
> ✓ 均衡被试或跨被试间每种干预的介入。
> ✓ 在初始的基线期需要详细记录数据，直到被试的行为表现趋于稳定。
> ✓ 实施干预，直到不同干预的效果间出现明显的差异。
> ✓ 在基线期以及干预比较期收集数据的信度指标。

确定多个因变量及其测量

交替处理设计的目的是帮助研究者确定一种干预方法是否"优于"另一种干预方法。为了实现这一目标，研究者必须对干预策略的有效性（effectiveness）和效率（efficiency）进行同时评估。有效性是指干预在多大程度上促进目标行为发生有意义的变化。有效性的测量指标通常包括：正确反应的比例、特定时间段内表现目标行为的次数、被试从事目标行为的时长等。干预的效率指干预促成目标行为发生有意义变化的速度，其测量指标通常包括被试实现预定目标行为水平所用的干预次数。为了能够更清楚地判断哪种干预最有效，研究者必须使用既能测量干预的有效性，又能评估其干预效率的指标。在一些研究中，很可能所有干预方法对所有被试的目标行为均产生了显著的积极影响。当这种情况出现的时候，就要根据干预所产生的期待变化的速度，来判定干预的相对效率了。

建立行为表现的标准

在研究进行之前设定好干预达成的明确标准至关重要，这个标准决定了目标行为有意义的变化是否出现（Gast & Wolery, 1984; Holcombe et al., 1994; Romer et al., 1988; Tawney & Gast, 1984）。在上述例子中，研究者将被试能够在每种干预的连续两个干预阶段中正确阅读90%的高频词作为干预比较期结束的标准，这使得研究者不仅能判断反应提示策略是否对被试的高频词阅读技能产生了有意义的变化，还能直接比较提示策略用了多长时间产生这些变化。这是可以做到的，例如，计算被试在每种干预条件下按要求完成预定标准所需要的教学回合。

确定难度相当的目标行为

文献中已经指出了确定难度相当的目标行为的实证方法（Romer et al., 1988），但是最常用的是由加斯特和沃勒瑞（Gast, Wolery, 1988）提出的两步策略。他们指出，确定难度相当的目标行为的第一步，是根据被试行为的区分度（discriminations）以及动作的复杂程度匹配目标行为，第二步是研究者对基线期被试目标行为的实际表现差异进行评估。

在第一步中，研究者首先要对可能的目标行为的区分度以及动作的复杂程度进行分析。在诸如阅读和数学这些领域，对其难度的评量工具是现成的且广泛使用的（例如"可读性"分数、年级匹配水平测验等）。在上述例子中，研究者可以根据被试在与其年级水平相匹配的测验中的得分，为每个教学单元选择合适的高频词。但是，这一标准并不适用于所有的目标行为，尤其是在家庭、学校或社区环境中自然发生的行为。在这些情境下，加斯特和沃勒瑞（Gast, Wolery, 1988）建议通过匹配目标行为的区分度以及动作的数量和复杂程度来实现最终的匹配。

麦克唐奈和麦克法兰（McDonnell, McFarland, 1988）使用改良型交替处理设计的方法，比较了两种链锁策略（chaining strategies）在提高四名中重度智力障碍学生使用自助洗衣房的技能方面的作用。训练者确定的两个目标行为分别是：在学校附近的一个洗衣房中使用洗衣机和从洗衣液售卖机中购买洗衣液。为了成功使用洗衣机，学生需要完成以下六步：找到空闲的洗衣机、估量并加入洗衣液、放入衣物、设置洗衣模式、向硬币投放口投入四枚25美分硬币、启动洗衣机、将洗好的衣物取出。从洗衣液售卖机中购买洗衣液同样需要六步：选择合适的洗衣液、将选择按钮移动到正确的位置、投入一枚25美分和一枚1美分硬币、启动售卖机、取出洗衣液。基于对完成目标行为所需的区分能力和动作的初步分析，研究者认为这两个行为对于该研究中被试的难度是相当的。

一旦确定目标行为的难度相当之后，研究者必须在干预开始之前确定被试在完成两个目标行为的能力上没有明显差异，这一点可以通过被试在基线期的表现相对稳定（也就是说从数据点来看没有显著的差异变化），以及被试完成两个行为的平均表现水平相同或相近来说明。在上述高频词的例子中，研究者应该结合数据点考察在基线期被试能够正确阅读两个教学单元单词的比例是否相近。同样的，麦克唐奈和麦克法兰（McDonnell, McFarland, 1988）发现在基线期被试能够正确完成两种目标行为步骤的比例是相同的，因此，他们认为上述两种行为对于被试来说难度是相当的。

当然，要确定两个行为对一个被试来说难度完全相同是不可能的。研究者能做的就是尽量降低目标行为的差异，来减少这些差异对目标行为改变的影响。加斯特和沃勒瑞（Gast, Wolery, 1988）提出的两步策略为解决这一问题提供了合理的方法。

确定目标行为在功能上是相互独立的

目标行为之间的交互效应是影响改良型交替处理设计内部效度的特有危害因素。在普通教育环境中，目标行为的交互效应，也就是说干预对没有实施干预的行为起到的泛化作用，其实被认为是非常积极的结果。如果一个学生在学会如何去杂货店买东西之后，学会了在快餐店点餐，是非常理想的结果。但是，在改良型交替处理设计的研究中，这将会给研究者解释所研究的干预效果的不同带来很大限制。虽然很多人已经意识到了目标行为在功能上相互独立的重要问题，但目前并没有具体的解决方法。因此，研究者必须使用符合逻辑的方法对目标行为进行分析，确定可能会引发交互效应的因素，同时，研究者还可以使用前文叙述的设计变式来检测目标行为中可能出现的交互效应。

设计变式

典型的改良型交替处理设计包括基线期和干预比较期（图10.3）。在基线期，研究者同时收集所有目标行为的数据，直到目标行为的表现水平达到稳定为止。在干预比较期，不同的干预策略将会在不同的干预时段或者同一干预时段的不同阶段迅速交替呈现。同时，研究者按照事先设计好的随机顺序表实施不同干预，从而避免序列效应的影响。干预比较期需持续到能够最终确定哪种干预更有效为止。

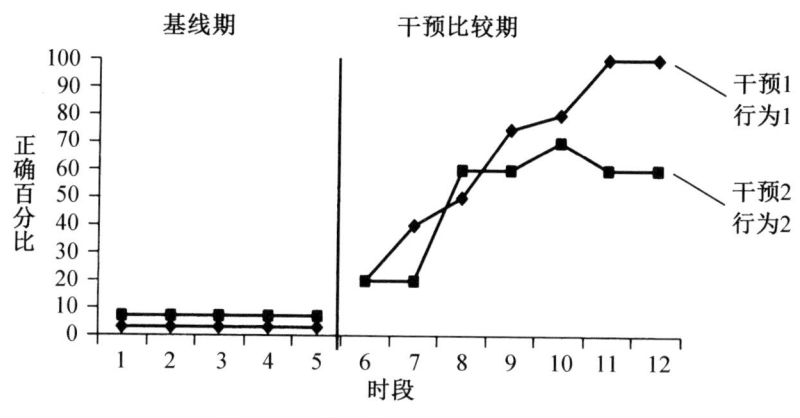

图10.3 典型的改良型交替处理设计

加入"零处理控制期"的改良型交替处理设计

图 10.4（a）中的设计变式能够帮助研究者评估干预策略间可能存在的遗留效应。在这种变式中，研究者加入第三个目标行为，但不对其进行干预，记录基线期和干预期各个被试在该行为上的表现（Holcombe et al., 1994; Romer et al., 1988）。在上述例子中，研究者将制定的阅读难度水平相当的三套高频词，作为三个"控制"单元。对于每一个被试来说，分别随机地使用两种提示策略对其中的两个词汇单元进行学习，另一个单元则不进行干预，即实施"零干预控制"。研究过程中，研究者分别记录每个被试在全部个套单元上的表现，并依据每个单元的表现记录的数据分别绘制图。如果被试的控制行为的表现，在干预比较期出现了提高，那么就很有可能发生了目标行为间的交互效应。如果零干预处理控制的行为改变非常明显，那么研究者就很难清楚地区分干预在目标行为改变上的独立作用。

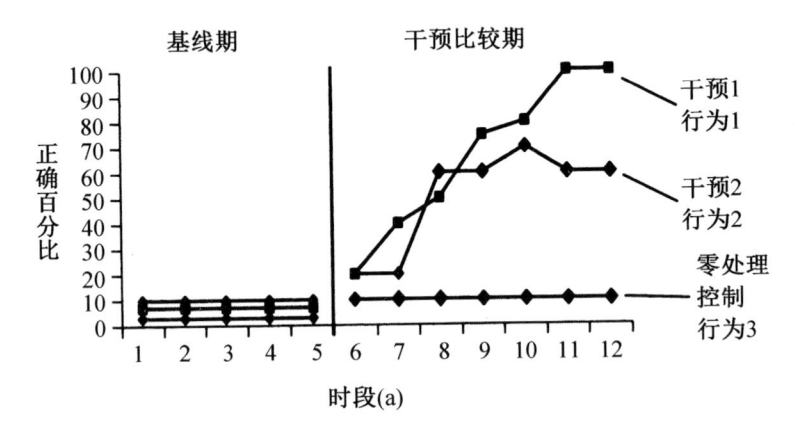

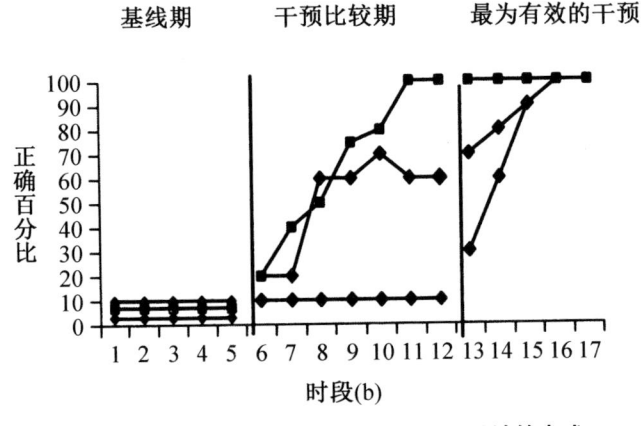

图 10.4 改良型交替处理设计的变式

加入"最佳处理期"的改良型交替处理设计

改良型交替处理设计的第二种变式是在干预比较期后加入一个对所有目标行为均采用的最佳处理期（见图 10.4b），这使得研究者可以在其他行为上复制"最佳"的干预策略。如果该策略使被试在第二种目标行为和/或"零处理控制"行为上的表现有所改善，将会更有力地展现实验控制性。

应用研究文献中交替处理设计的实例

交替处理设计

曾有一项研究（Reinhartsen, Garfinkle, Wolery, 2002）比较了教师选择玩具和儿童自主选择玩具，对三名两岁孤独症儿童与玩具进行适宜的互动所用时间的影响。在研究开始之前，研究者首先选择了一些被试偏爱的玩具，并观察被试在自由时间与这些玩具进行互动的频率，持续记录了 3 个月，每天 45 分钟。根据这些数据，研究者为每个被试选择了六七个玩具用于正式研究。研究中，教师选择玩具和儿童自主选择玩具这两种干预条件每天交替呈现，每种干预时段包括两个连续的 5 分钟。

在教师选择玩具的情境中，教师在干预之前（每个 5 分钟干预这一时段）随机选择两个玩具，并将玩具呈现给被试，引起其注意，提示被试与玩具进行互动，然后教师离开活动区域，但要尽量让被试留在活动区域内，并提示被试与玩具进行互动。在儿童自主选择玩具的情境中，教师在每个干预时段之前向被试呈现两个玩具，在被试表现出对某一个玩具的明显偏好后将其带入活动区域，采用相同的步骤提示被试与玩具进行互动。

该研究的主要因变量包括在干预期内被试与玩具适当互动的时长、表现问题行为的时长，以及未与玩具进行互动的时长在整个干预时段中的比例。同时，研究者还对教师的行为进行了记录，例如对儿童的身体提示、示范、语言指导、安静观察以及其他行为。研究采用时间取样观察法进行数据收集，每 30 秒时间段内记录 5 秒，轮流记录被试的行为和教师的行为。例如在第一个 30 秒内对被试的行为进行 5 秒的记录，在第二个 30 秒内则对教师的行为进行 5 秒的记录，以此类推。

图 10.5 展示了一个被试在干预期内的行为表现。研究者得出的总体结论是

儿童自主选择玩具的情境更有利于其良好互动行为的表现。同时，研究也表明教师选择玩具和儿童自主选择玩具的情境均不会提高被试问题行为的表现频率。

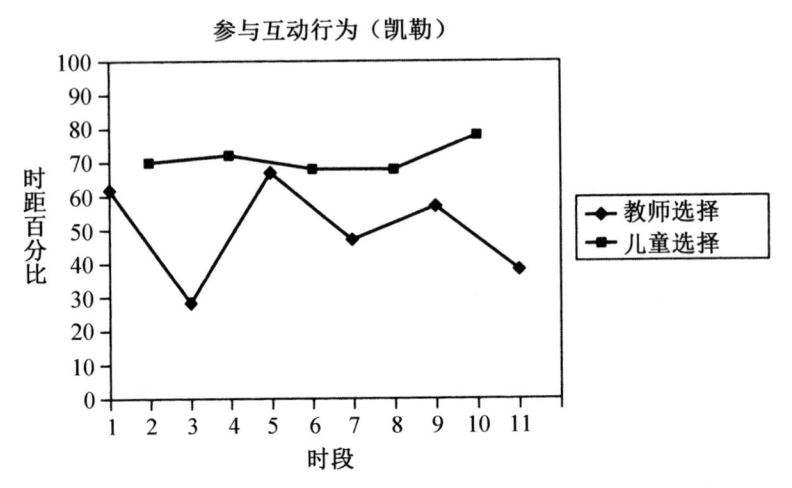

参与互动行为（凯勒）

（图：横轴"时段"1–11，纵轴"时距百分比"0–100，曲线分别为"教师选择"和"儿童选择"）

图 10.5　文献中交替处理设计的样例

资料来源：Reinhartsen, D. B., Garfinkle, A. N., Wolery, M. (2002). Engagement with toys in two-year-old children with autism: Teacher selection versus child choice. *Research and Practice for Persons with Severe Disabilities*, vol. 27, pp. 175-187. 同意翻印。

改良型交替处理设计

有研究人员（Miracle, Collins, Schuster, Grisham-Brown, 2001）使用改良型交替处理设计，比较了个别化同伴指导策略和教师指导策略在教导四名中重度残疾中学生阅读基本常用词汇时的作用。在研究开始之前，研究者首先为每个被试确定了 15 个在杂货店购物所需的常用词。然后将 15 个单词平均分成 3 个单元，分别用于同伴指导策略、教师指导策略以及零处理控制处理。同伴指导员和教师在课上使用时间延迟策略、差别强化策略以及系统性错误矫正策略对被试进行词汇教学，每个词汇在每个干预时段呈现两次，教师指导策略和同伴指导策略每天轮换。

该研究的主要因变量包括被试能够正确阅读每个词汇单元中单词的数量以及达到预先设定的最终目标，即能够在连续三个教学时段中正确阅读所有词汇所用的教学单元数。在每个教师指导干预时段和同伴指导干预时段中，研究者对被试的词汇阅读表现的数据进行收集，同时在教师的日常教学情景中收集被试在"零处理控制"词汇单元上的表现数据。

图 10.6 为其中一个被试行为表现的记录图。从整体上来看，研究者认为同

伴指导和教师指导对于四个被试中的三个来说，均是提高了词汇阅读能力的有效策略，其中一个被试在同伴指导策略下最终没能达到事先设定的目标。在对达到目标所用的干预时段数的分析来看，两种策略的效果对于三个最终达到目标的被试来说几乎相同。

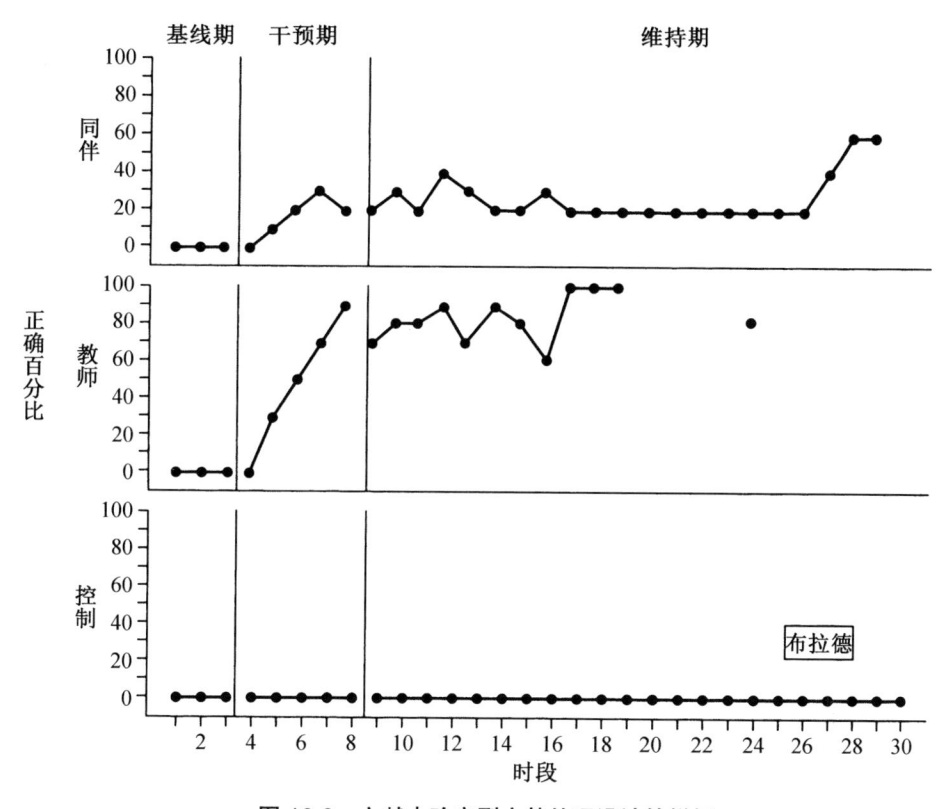

图 10.6　文献中改良型交替处理设计的样例

资料来源：Miracle, S. A., Collins, B. C., Schuster, J. W., Grisham-Brown, J.(2001). Peer- versus teacher-delivered instruction: Effects on acquisition and maintanence. *Education and Training in Mental Retardation and Developmental Disabilities*, vol. 36, Figure 1, p. 379. 同意翻印。

结束语

本章对交替处理设计以及改良型交替处理设计进行了介绍，此类研究设计能够帮助研究者在单一被试或一组被试的情况下比较两种或两种以上干预方法。交替处理设计的最基本特征是，在干预期内对被试同时实施旨在比较效果的干预，这一目的可以通过在不同的干预时段或同一个干预时段内部交替呈现干预来实现。该类研究的主要因变量包括能够衡量干预对被试目标行为改变的有效性和改变效率的指标。交替处理设计是倒返或移除设计的变式，主要用于考察两种或两种干预对被试某一行为干预效果的研究，但使用这一设计的假设是目标行为必须可回到基线水平。改良型交替处理设计可以用来比较两种干预对被试在两个相互独立且难度相当的目标行为的干预效果。改良型交替处理设计更适合对于不可逆的目标行为的干预效果的研究。

虽然交替处理设计有诸多优点，但该类研究较易受到交互效应以及顺序效应的影响。所以在使用该研究设计时，研究者需要采用合理的步骤和方法尽量降低或消除上述因素在解释目标行为变化中的影响。然而即便如此，交替研究设计仍然是研究者在比较多种干预方法的有效性和效率上的重要设计方法。

第11章　传播研究成果

众所周知，只有研究者将自己的研究成果与其他学者、政策制定者和公众进行较大范围的共享之后，一个研究过程才算真正完成（American Psychological Association, 2009）。研究成果的传播有很多潜在益处，包括扩充该领域的知识基础、促进专业发展、提高教育质量和社区服务的质量，以及为省和国家层面的政策制定提供导向。研究成果的传播有许多形式，可以是非正式的、与学生和同事之间的交流，也可以是正式的著作出版。事实上，大多数研究者都会尽可能地选择多种途径传播自己的研究成果。然而，对于新手研究者来说，两种最重要的方式是在专业会议上做报告或在专业期刊上发表论文。虽然在会议上做报告和尝试发表一篇学术论文是很困难的，但是研究者会在不断的实践过程中掌握这些必备技能。撰写本章有两方面的目的：一方面是介绍发表会议报告和期刊论文的基本过程，另一方面是提供一些能够帮助新手研究者在成功发布研究成果方面的"入门"指导。

会议论文

大多数国家级专业组织、机构和倡导组织都会举办年会。这些年会通常为其成员提供了一个了解该领域最新进展、交流思想以及与其他拥有相同兴趣的人士进行沟通的论坛。在一个或多个会议上报告自己的研究成果，不但有利于与更广泛的人群进行交流，同时也能够在研究方法以及后续研究、实践和政策等方面获得他人的反馈意见。

专业会议举办方通常会以两种方式征集会议报告：第一，会议举办方可以邀请领域内最有影响力的学者为其会议进行报告；第二，也是研究者采用最多的一种方式，即由研究者向会议投稿，争取在会议上做报告。会议主办方会对研究报告的内容和质量进行评估，如果投稿被通过，研究者就能够获得在会议上报告研究成果的机会。

论文报告的评审程序

虽然有所差异，但大多数组织对会议论文报告的评审程序通常包括以下三步：征集会议论文报告、评审会议论文报告、通知评审结果。

征集会议论文报告

会议论文报告的征集是指一个组织就其成员感兴趣的议题征求提议的公告，通常在会议举办的几个月之前进行。征集信息一般在主要的期刊、组织通讯或者网站上发布，包括以下基本内容：

- ✓ 会议主题。会议主题通常为该组织较关注领域内的最新议题。
- ✓ 会议会集中强调"专题组"或"焦点领域"，通常为更特定的主题题目（例如，替代性评估、普通教室课堂教学策略）或者反映该组织的专注领域（例如，学习障碍、发展性障碍、教育、就业服务等）。
- ✓ 会议接受的报告形式。
- ✓ 递交程序。
- ✓ 递交截止日期。

近些年，很多组织丰富了会议报告的形式。例如，海报展示在很多专业会议中越来越流行。在海报展示中，研究者将研究的具体内容张贴在一个画架或公告板上，自己站在旁边，而参会人员则会观看研究者展示的信息。海报展示有两个主要优点，一是能够增加研究者与参会人员的互动，二是能够使具有相同研究兴趣的研究者彼此建立联系。海报张贴展示通常是按照研究主题进行分类，时间为一到两个小时。

整体来看，会议报告中最常见的形式是个人陈述报告，研究者可以在一定时间内详细地介绍自己的研究目的、研究设计以及研究启示。另外一个比较流行的形式是专题研讨会，通常会邀请有共同研究主题的研究者参加，进行个人陈述。例如，一些研究者组织起来，提交一个专题研讨会申请，内容为问题行为的替代性评估方法，或是成本效益较高的发展性障碍成人就业项目。其中一名研究者作为专题研讨会的"协调员"，介绍研讨会的整体情况以及研究小组中每位做报告的成员。一个专题研讨会上通常会有一个或多个"研讨者",他们会对每篇报告提出的议题给予响应与讨论。"研讨者"通常是在该领域已经有丰富研究经验的学者,能够对各项研究在该领域或对未来研究的重要性提出建设性观点。

最后一种会议报告形式是座谈,旨在更好地促进座谈参与者间的交流和互动。虽然在座谈会上可以报告已有的研究结果,但更多的是讨论目前该领域或该组织面临的更广泛问题。座谈的参与者须是该领域内有深厚知识与专业经验的专家。一般而言,在座谈时,座谈的协调员会先介绍将要讨论的主题和小组人员,然后鼓励每个参与者对该主题发表观点,最后大家共同讨论,听会人员也可以进行提问。

评审会议论文

会议主办方通常会认命一个由特定领域专家组成的论文评审委员会,对提交的论文进行审阅,评审委员会人数的多少与该组织和会议的规模有关。通常,评审委员会会根据论文报告的内容,安排一些对该特定领域有专业知识和经验的专家进行评审。每个组织对论文评审的标准有自己的要求,并且通常会在论文报告征集信息中说明,然而一般要求都会包括以下几点:

- ✓ 论文报告内容与征集信息中所强调的专题组或专题的符合程度。
- ✓ 论文内容对于组织成员的重要性。
- ✓ 研究方法的严密性。
- ✓ 对未来研究或实践的意义。

通知评审结果

研究者将会接到论文评审委员会对评审结果的书面通知,第一种结果,同时也是最好的结果,是论文能够得到接收。对于此类论文,评审委员会一般不会提供具体修改意见以提升论文的结构及内容质量。研究者需要自己进一步完善论文。第二种结果是以另外一种方式接收提交的论文,例如,将个人论文报告调整为海报展示,这一结果并不一定与论文质量有关,而是可能与主办方接收论文的数量有关。

最后一种结果便是评审委员会拒绝接收论文。尽管知道论文被拒的原因对于研究者来说非常有用,但评审委员会一般不会提供这方面的信息。这一结果虽然非常令人失望,但是它并不一定与论文质量有关,可能是多种原因造成的,例如论文内容与会议主题的相关程度不高，或者会议上的论文报告数量有限。此外，一般没有对被拒收的论文提出申诉的途径，但是好处就是之前的工作不会白做，因为被一个会议拒绝的论文非常可能在进行一定修改后，被另外一个会议接收。

建议和提示

提交论文报告的申请，首先要保证论文是建立在严格的研究规范和获得重要研究结果的基础之上。在提交之前，鼓励研究者就论文申请被接受的可能性与同事进行交流。对于研究来说最重要的就是，研究设计的质量以及对研究内部效度和外部效度带来危害的各种因素的控制程度。对于干预研究来说，不一定要产生多么惊人的效果。事实上，我们能够从那些在干预前后没有显著差异的研究中学到很多，关键是让读者完全理解你的研究结果，以及你的研究对未来研究或实践的重要性。如上所述，提高论文报告申请被接受的可能性，增加中标成功概率，具体建议如下：

✓ 选择一个致力于传播研究成果的会议，且会议的研讨主题与你的研究目的相一致。

✓ 选择最有可能对你研究结果感兴趣的听众（例如研究员、实践者、管理者、政策制定者等），然后挑选这些人员最有可能参加的会议。

✓ 选择适宜的论文报告形式，切记你的这项研究的优势和劣势，选择一个合适的报告形式。

✓ 严格按照论文征集信息中的要求组织论文内容。在撰写申请书的时候，时刻清楚具体的听众是谁，并着重阐述研究结果如何服务于这些群体（图 11.1）。

报告或海报张贴题目

普通教育课堂中嵌入式教学与特殊教育课堂中
一对一和小组教学的相对效果研究

报告人：
报告人／主席
姓名：约翰·麦克唐奈　　　　　　　　学历：博士
职称：教授
工作单位：犹他大学特殊教育学院
地址：1705 E. Campus Center Dr., Rm 221 MBH Salt Lake City, Utah 84112-9253
电话：(801) 5850-557　　　　　　　　传真：(801) 585-6476
E-mail: McDonnell@ed.utah.edu

报告人二
姓名：马特·詹姆森　　　　学历：教育硕士
地址：1705 E. Campus Center Dr., Rm 221 MBH
　　　Salt Lake City, Utah 84112-9253
E-mail: McDonnell@ed.utah.edu

报告人三
姓名：　　　　　　　　　　　　　　　学历：
地址：
E-mail:

报告人四
姓名：　　　　　　　　　　　　　　　学历：
地址：
E-mail:

最切合的主题

☐ 自我决定和生活质量（有效的实践、评估、选择、决策、问题解决、个体和家庭生活质量等）
☐ 权利和伦理道德（伦理价值、法律和公民权利、社区态度、尊重、道德困境等）
☑ 学校融合（早期干预、转衔、特殊教育学校或普通学校、人际关系等）
☐ 社会融合（社区和工作融合、人际关系、性、住房、社会参与、退休等）
☐ 社区生活障碍（诊断、分类、流行病学、问题行为、孤单、父母养育、司法公正等）
☐ 政策和服务（学校、健康和社会政策、服务和管理、服务质量、个别化教育计划、资源配置等）
☐ 体育与休闲（适应性体育、设施、休闲、旅游、度假等）
☐ 健康和医疗（预防、干预、普及、医疗、老龄化、心理健康、基因等）
☐ 科学技术（科技的发展、普及、使用、辅助性技术、网络使用、移动设备、家庭自动化等）
☐ 可持续化城市建设（设施、城市发展、流动性、标牌、家庭和公共无障碍设施、交通等）
☐ 精神（精神、宗教信仰、伤痛与哀悼服务、能够做礼拜的地点）
☐ 教育和训练（继续教育、研究生教育、培训课程）

图 11.1　美国智力障碍与发展性障碍协会的论文报告申请书样例

专题研讨会 – 论文报告 – 海报展示

报告形式：（请选择你更倾向的报告形式）
☐ 专题研讨会　　　☑ 论文报告　　　☐ 海报展示

专题研讨会：90 分钟，选择最少三篇主题相同的文章进行组合及讨论，每组有一个协调员。

论文报告：每一篇论文报告时长为 30 分钟，并根据研究主题与其他两个报告组成一个单元，共 90 分钟。

海报展示：海报展示是为了使所有的参会者了解展示内容，需要一位作者在展示的全程中出现，对感兴趣的参会者进行讲解。

题目（最多 150 个字母）
普通教育课堂中嵌入式教学与特殊教育课堂中一对一和小组教学的相对效果研究

摘要（200 字以内）
　　研究证明嵌入式教学是提高普通教育课程和课堂中智力障碍儿童参与度的有效策略。本研究通过两个单一被试实验研究对嵌入式教学在普通课堂以及传统特殊教育课堂一对一和小组教学情境中的效果进行了比较。第一个研究结果表明，一对一的嵌入式教学和一对一的集中练习对被试目标行为的掌握均有效。数据表明对其中两名学生来说，一对一的集中练习更有效，对另一名学生来说，一对一嵌入式教学更有效，而对于最后一名学生来说，两种策略效果相同。第二个研究的结果表明，嵌入式和小组教学在提高四名被试学生的目标行为学习和迁移方面有同样的效果。最后，作者对嵌入式教学策略在提高普通教学中智力障碍儿童的融合程度进行了探讨。

如果论文报告被接收，我同意缴费注册并参会。
第一报告人签名：　　John McDonnell
请将该计划发送至 inclusion2006@uqam.ca（请使用 word 格式或传真至 514-363-5855）。
投稿截止日期为：2005 年 11 月 14 日。
主办方收到提交的报告计划后会向第一作者发送确认邮件。

续图 11.1

　　资料来源：Conference Presentation Proposal, American Association on Intellectual and Developmental Disabilities. 同意翻印。

海报展示的建议

　　当设计海报展示的时候，研究者应该严格遵守会议主办方提出的要求。最大的挑战就是，要在字数的限定范围内能够提供使参会者了解研究的所有信息。尽管海报内容可以非常详细（也很昂贵！），但通常来说还是越简单直接越好。很多研究者采用将海报张贴在公告板上的方式展示自己的研究（图 11.2），其优点是能够使用较为简易的方式更加专业地展示信息。你当然希望自己的海报能够有足够的吸引力引起参会者的注意。然而，太多的图片和表格可能分散参会者的关注

在普通班级课堂和普通教育课程中采用嵌入式教学支持学生学习	嵌入式教学
约翰·麦克唐奈——犹他大学 伍迪·约翰逊——东田纳西州立大学 马特·詹姆森——犹他大学	• 为什么在普通班级中进行嵌入式教学？ ✓ 对重度残疾学生而言，融合教育已越来越普遍。 ✓ 研究认为嵌入式教学对学生具有积极的教育和社会效益。 ✓ 实践者在设计和实施教学程序方面仍然面临巨大的挑战，难以满足学生的需要。

嵌入式教学	嵌入式教学
• 什么是嵌入式教学？ 学习情境下，学生在日常进行的教学活动中习得技能。 ✓ 目标技巧与程序可能有也可能没有功能关系。 ✓ 教学分布于整个程序中。 ✓ 教学须在自然而然的机会下出现，在学习中途休息或程序的过渡阶段都有可能出现。 ✓ 使用系统教学程序教学生学会目标反应。	• 研究问题 ✓ 嵌入式教学能否在普通课程或个别化教育计划中支持学生技能的习得？ ✓ 嵌入式教学能在普通课堂中实施吗？ ✓ 普通教师和其他支持人士能否可靠地实施这一程序？

一般研究过程	一般研究过程
• 普通教师学习嵌入式教学，并将其作为在班级中进行的教学活动。 • 教学程序 ✓ 把握嵌入式教学的自然线索或情况，以提示教学互动。 ✓ 恒定时间延迟程序，教以目标技能。 ✓ 差别强化。 ✓ 系统的错误矫正。	• 嵌入式教学仅出现在教师对全班进行教学时。 • 学生： ✓ 杰克的智商分数为49，二年级学生。 ✓ 贝蒂的智商分数为35，六年级学生。 ✓ 纳特有创伤性脑损伤，智商分数为65，二年级学生。

图 11.2　海报展示的样例

一般研究过程

- 教学目标：
  - ✓ 杰克——识读功能性常用词（例如，识读"出口""休息室"等）。
  - ✓ 贝蒂——为不能完成的困难任务写出"求助"（如启动计算机、为获得所需的材料）。
  - ✓ 纳特——识别两位数或比较两位数的大小（如比较84和65的大小）。

一般研究过程

- 测试样本的正确反应百分比
  - ✓ 在普通班级中实施。
  - ✓ 当每一个刺激物出现。
  - ✓ 记录正确反应和不正确反应。

结果

- 三个学生中的两个完成了目标任务。
- 教师能够以较高的忠诚度实施嵌入式教学。
- 教师对嵌入式教学的实用性和可接受性抱有积极态度。

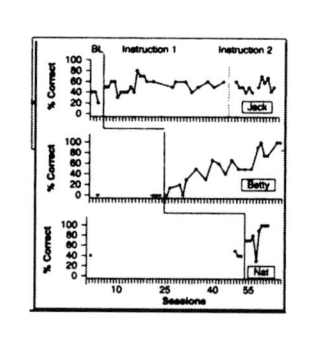

结论

- 需要更多研究：
  - ✓ 证实嵌入式教学的作用，以及影响嵌入式教学有效性的因素。
  - ✓ 检验嵌入式教学框架中不同的教学程序的实用性。
  - ✓ 比较嵌入式教学与传统的教学形式。

联系方式

约翰·麦克唐奈
犹他大学
1705 E. Central Campus Dr., Rm221
Salt Lake City, Utah 84112-9253
McDonnell@ed.Utah.edu

图 11.2　海报展示的样例

点，最好的建议就是海报能够明确地展示研究目的、方法、结果和意义，同时确保图表和数据具有良好的解释性，并且能够让参会者看得清楚明了。建议你做一个印有研究"关键摘要"的讲义发放给参会者，长度为一到三页为宜，包含海报上展示的研究的最核心内容。讲义中要包含你的联系方式，使对你的研究仍有问题或看法的人可以与你取得联系。通常很难确定所需讲义的数量，所以要准备好笔和纸，在讲义发完的时候可以记录地址，随后再将讲义邮寄给他们。

在整个海报展示的过程中需要一直保持注意力高度集中的状态，如果有参会者停下来想进一步了解你的研究，你需要向他们简要介绍自己所做的工作并问他们是否有问题。你可以通过询问参会者对该研究主题有兴趣的原因，或者他们在该领域所做的工作来进行互动。做好记录相关评论和观点的准备，这将有利于你解释研究结果或者撰写研究报告。海报展示结束后，你需要花几分钟整理你的笔记，列出参会者对你的研究数据、图表或结论提出的问题，从而在会后进行进一步的解答。

对个人论文报告方式的建议

没有哪种形式的展示和报告能够一定保证成功，事实上，如何有效展示论文的一个挑战就是选择与自身个性和气质相符的报告形式。不管采用哪种形式，关键是要能够时刻清楚所要展示的内容，并以最高效的方式把信息传递给参会者。尽管在一些学科领域中，研究者经常给参会者直接朗读论文报告，但在社会和行为科学领域，专业会议上的报告并没有那么正式。因此，制作一个好的展示报告最重要的就是事先制定一个完整的论文报告纲要。利用该纲要，确保论文报告包含了你要展示的所有内容，并且内容是以一定的逻辑顺序呈现，同时保证为每一部分的讲解安排出足够的时间。

当今社会，类似于幻灯片的技术为研究者设计和进行报告展示提供了有效的帮助，但是像其他科技一样，其效果的好坏取决于如何使用。在使用幻灯片的过程中常见的误区主要包括：

- ✓ 朗读幻灯片每页的信息。使用幻灯片的最正确方式是将它作为对你所讲内容关键要素的提示，在报告过程中要避免向观众直接朗读幻灯片上的信息。
- ✓ 在幻灯片上放过多的信息。应当在页面上尽量使用短语，来呈现你所讲的内容重点。你需要观众听你的讲解，而并不是阅读你的幻灯片。

✓ 过多使用"铃声"和"口哨声"。大多数类似的软件都会为用户提供各种各样的高级图形设计，使得你的文本、表格和原图产生"动态"效果。对于熟练使用 PPT 的报告者，这会大大提高其报告的效果，但是有时也会削弱报告的核心内容。经常会看到一些研究者在报告过程中不得不停下来解决动态效果出现的问题，导致原本有良好组织结构的报告变得有些散架。所以，最好的方法是，只有在真正能够帮你提升展示效果的时候再使用这些技术。

✓ 认为每个人都能看到幻灯片。即使有很多高科技的辅助设施，也很难保证一个大会议室的所有人都能看到幻灯片展示，所以可以通过发放讲义来避免这一问题，同时也能够使观众集中注意力听你的讲解，而不是忙于记笔记。

对单一被试研究进行报告时，应当遵循一个研究报告的大致顺序。很多新手研究者经常犯的一个错误，就是没有花足够的时间介绍他们的研究步骤和方法，而是迅速地跳到研究结果，这会在很大程度上引起参会者的很多疑问。所以建议你首先对研究主题、场景、自变量、因变量、研究设计以及研究过程进行整体描述，这将会帮助参与者更好地了解研究的背景，从而有助于他们解读研究结果。另外，还建议你在讨论研究结果时将其与数据展示图密切结合，同时详细讨论任何影响实验控制效果（也就是水平变化、重叠、稳定、趋势）的因素。在总结研究时，要首先介绍可能影响研究内部效度或外部效度的潜在威胁。除此之外，还要列出一些参会者可能提出的问题，并准备清晰、标准的答案。最后，为了保证你能在预计的时间内流畅地报告所有内容，可以在之前进行几次模拟报告。

对座谈报告的建议

一个座谈报告效果的好坏主要取决于协调员鼓励组内成员之间及成员与观众互动的能力。并没有一种单一的套路能够达到这一目的，但以下简单的建议会非常有用：

✓ 了解座谈成员。

✓ 向座谈的成员清楚说明你要报告的主题和希望他们关注的问题，可以向他们提供纸质报告、几篇该领域内最有影响的研究论文以及向他们强调如何能够通过发表观点来推进讨论进程。

✓ 准备好一些问题，用来向座谈的成员提问。经常是由协调者推进座谈会进程，最好的方法是协调者能提前准备一些能够切中要害的、激发组内成员及其与观众进行讨论的问题。

撰写研究论文

虽然在专业会议上做报告是传播自己研究成果的有效方式，但是，大多数研究者，尤其是新手研究者，更希望能够在学术期刊上发表他们的研究结果。虽然社会和行为科学领域的论文发表程序还有一些问题（Borer, 1997; Skolnik, 2000; Smaby & Crews, 1998; Smaby, Crews, Downing, 1999），但该领域还是通过判断某项研究是否满足科学和伦理标准，建立了自我规范。同时，论文的发表能够带来有相同理论观点和研究兴趣的学者相互交流的机会。最后，也许是最重要的一点，研究者能够通过论文发表来丰富某一领域的研究储备，进而通过积累必备的知识基础来推进在该领域的研究进程。

很多学者都为研究者提出了撰写和发表研究论文的建议（Henson, 2003; Klingner, Scanlon, Pressley, 2005; Maxwell, Cole, 1998; Ryan, 1998; Spooner, Spooner, Karvonen, Algozine, 2002; Thompson, 1995），他们一致认为需要通过实践来掌握撰写文章的必备技能，然而最终的熟能生巧却需要研究者长期的工作和努力。经验告诉我们，抓住一些关键要素能够帮助新手研究者提高对这些技能的掌握能力，下面就介绍论文写作的一般步骤以及能够使其成功发表的建议。

发表程序

在社会及行为科学领域发表论文通常有以下六步：①选择合适发布的刊物；②撰写稿件；③准备稿件；④评审稿件；⑤修改稿件；⑥接收和正式发表。

选择刊物

论文发表的第一步是选择合适的刊物，最好要先阅读刊登在杂志上的"投稿须知"和"编辑政策"(图 11.3),从而了解刊物的主要出刊目的及其发表文章的种类。如果你对它不太熟悉,也可以看看它近几期所刊登的文章主题与自己想要发表的研究项目是否一致。此外还有一些研究者在选择刊物时可以考虑的标准,包括:

✓ 发行量。发表研究论文最重要的一点就是要使你的研究发现尽可能得到广泛的传播。一个特定领域内不同刊物的发行量有很大差异,从几百本到成千上万本不等。

✓ 接收率。这一数据能够表明论文被某一刊物接收并正式发表的可能性。接收率同样有很大差异,从 10% 到 60% 不等。较低的接收率通常表明该刊物有着较高的发表标准。研究者可以通过致电或者阅读刊物每年向读者公布的年度报告获取关于接收率的信息。

✓ 编辑或评审委员会组成。研究者可能会希望了解刊物的编辑和评审人员是否在研究者所研究的特定领域做过一些研究。对你研究领域有所了解和有相关知识的人更能对研究进行全面、深刻的评审。

✓ 发表周期。这是指从论文被接收到正式发表的时间。大部分研究者都希望能够尽快看到自己的发表成果,但是不同的刊物发表周期有很大不同。一些专业组织会定期公布其刊物的发表周期,例如,美国心理协会会在每年发行的《美国心理学家》中公布它旗下各个专业期刊的发表周期。此外,还有一些杂志会在文章下面标注其收稿日期、正式接收日期和最终发表日期,这些信息都可以为你提供刊物审稿所需时间,以及从接收到发布所需的时间。

《智力与发展性障碍》(IDD)杂志是一份关于智力障碍领域的政策、实践以及观点等方面的杂志。该杂志关注于应用研究领域的研究成果,包括质性和量化研究学术论文、思辨论文、综合评论、个案研究、政策分析以及创新的实践的描述与评估等。论文的质量和对知识的贡献较其格式、方法论或关注焦点更为重要。《智力与发展性障碍》发表的文章,需经过同行评审,评论性论文则发表在一个名为"观点"的专栏上。

投稿须知

评审过程与编辑决议

文稿投到《智力与发展性障碍》后，由主编或副主编挑选至少两位，通常是三位同行进行匿名评审。而评审工作将在收到文稿的三个月之内完成。《智力与发展性障碍》的评审过程致力于实现公平与尊重并存。

接收准则

论文将在政策或实践、读者的潜在兴趣、原创性以及文章的清晰性等相关方面接受评判。学术论文的审核标准则基于研究所用的方法论是否合适。其他类型的论文根据其学术标准和文学标准来评判。在论文中，作者应突出其研究对政策和实践方面的启示。

格式

《智力与发展性障碍》沿用了《2001版美国心理学会出版手册》（APA，第五版）[①]的要求。

文稿需为双倍行距，并且打印在A4纸上，至少在四周留出2.54厘米的边距。摘要的内容不超过120字。参考文献需在另外的纸张上以双倍行距打印出来。论文不超过20页，包括参考文献部分。鼓励投稿者提交页数较少的论文。高度专业化或技术类的论文不应超过5页。由于论文是匿名评审的，投稿者姓名及其他可识别的信息应仅署在封面上。

提交

《智力与发展性障碍》使用基于网络的名为"AllenTrack"的文稿提交和同行评审系统。文稿可通过电子邮件发送至 http://idd.allentrack.net。所有文稿均需同行评审，因此所有可能被识别的信息都应在提交到同行评审系统之前删除。提交的申请书应声明，此文稿目前没有经过其他杂志的同行评审。投稿者通过AllenTrack提交文稿时，若需要帮助，可联系编辑办公室，致电315-443-3851，传真315-443-4338，或发送电子邮件至 iddaaidd@syr.edu。投稿者若不通过AllenTrack提交文稿，也可发送邮件附件至

[①] 编注：中文简体版《APA出版手册（简明版）》2011年由人民邮电出版社出版，是第五版的简明版。

iddaaidd@syr.edu，或将文稿存入磁盘寄至 Steven J. Taylor, PhD, Center on Human Policy, Syracuse University. 805 S. Crouse Ave., Syracuse, NY 13244-2280。AllenTrack 系统可将大部分文字通过处理器一一对应转换，存为文档（如字处理器、文字处理器、文字样式、语言编程、多文本格式等）。

投稿须知：观点

基于网络的文稿提交

《智力与发展性障碍》使用基于网络的名为"AllenTrack"的文稿提交和同行评审系统。AllenTrack 这种软件系统能够将文稿内容编辑排版。AllenTrack 拥有查找和检查功能，尤其擅长处理细致的文字工作。这一系统使论文的发表过程更有效率、更方便，并将全世界的投稿者与评审者紧密联系起来。

编辑决议

评注发表在名为"观点"的专栏上。《智力与发展性障碍》欢迎那些发人深思的、论证周密的、趣味横生的和明确描述贡献的论文。提交的论文由主编或"观点"专栏编辑审核，通常收到文稿后一个月之内给予回复。对"观点"专栏不收录的文稿不予以详细的评注。

格式

评注性论文不超过 5 页，且无需摘要。

提交

提交"观点"专栏的文稿，以电子邮件形式发送至 http://idd.allentrack.net。封面上应注明文稿提交至"观点"专栏，若文稿当下正经其他杂志的评审或已发表在其他杂志上，请告知编辑。

投稿需要注意的其他信息

语言

《智力与发展性障碍》坚持美国智力落后协会（The American Association on Intellectual and Development Disability，简称 AAIDD）关于"以人为先的语言"的使用。投稿者应使用强调智力障碍者的人性的语言。通用的描述性术语，诸如人类、被试、学生、儿童以及成人是研究者优先选择的被试或被调查者。语言不应有性别歧视。"他"不应同时用来指代"她"和"他"。

版权转让

鉴于1976年的著作版权修正案，若文稿被收录并发表，作者需签署版权转让和同意书，转让所有的版权所有权，包括电子版权、经 AAIDD 准许复制受版权保护的资料供课堂使用的权利。

修改和调整

主编有保留拒绝不满足编辑政策所涵盖标准的手稿的权利，并且有对接收的文稿在不改变原意的情况下进行修改和调整的权利。

收录的稿件

一旦稿件被收录，负责文稿的编辑将开始编辑和排版工作。作者将会收到排版文稿和修改过的文稿。作者做出任何修改变动都需联系责任编辑 Stephanie Dean，发送电子邮件至 aaidd.journals@yahoo.com 或传真至 614-386-0309。

数据分享

论文发表之后，考虑到研究者需要对被试信息保密，并且法律要求只能通过合法权利途径才能将这些专有数据公布于众，所以作者不必保留数据。作者的结论基于以其他有能力的专业人士，这些专业人士力图通过再分析这些数据，以达成验证实质主张的目的。

来源：《智力与发展性障碍》投稿须知。无图片和页码。出现于每一期杂志。一经准许即可打印。

图 11.3　投稿须知

撰写稿件

许多社会和行为科学领域学科的期刊均以《美国心理学会出版手册》（APA,

2009）中规定的内容，作为其刊物的稿件的核心标准。该手册对稿件从写作风格到图表格式的每一部分均提供了撰写指导。虽然很多社会和行为科学领域学科的期刊编辑政策是基于 APA 手册之上的，但也有一些刊物有所例外，所以研究者应该在撰写论文时仔细阅读目标刊物提出的编辑要求。

投稿

在刊物的投稿须知或编辑政策中，通常会告知你需要将稿件投向哪里、需要准备的稿件数量以及是否需要封面。大多数刊物都采用盲审的方式审稿（Henson, 2003），也就是说，评审人员在对论文进行评审时并不知道作者是谁。因此，它会要求作者提交一定数量的没有封面的稿件。

通常刊物会要求研究者一并提交一个附函，证明该文章是研究者及其合作人员的研究成果，并且没有在其他刊物上发表或进入评审阶段。建议你多留几个联系方式（如通讯地址、电话、邮箱），大多数刊物会在收到你的稿件时给你一份确认卡片、确认信或电子邮件，并告知他们评审所需要的大致时间。

评审稿件

收到稿件后，编辑首先会审核稿件是否符合期刊的投稿要求和规范，如果他们认为稿件不适用，会直接退回。不过，如果作者正确选择了与自己的研究主题相符的刊物，这种情况一般就不太可能发生。然后编辑会指定一个副编辑作为执行编辑，负责该论文的评审工作。执行编辑将把稿子寄给几个评审委员会成员。有时候，执行编辑会邀请一位全国知名研究者或学者，作为该刊物的特邀评审人。这种情况通常发生在评审委员会中的评审人员对稿件内容所涉领域非常熟悉，但人员不足的情况下，或者稿子使用了比较特殊的研究设计和数据分析方法时。如前所述，为确保其公平性，大多数刊物采用盲审的方式审稿。

大部分期刊编辑要求评审人员严格按照既定的标准进行评审，并给出是否接收的建议。评审标准主要包括论文对研究领域的重要性、研究设计和方法的严密性、数据解释的合理性，以及论文的整体写作质量。评审者需要从上述几个方面为稿件撰写评审意见并提供是否接收的建议。通常来讲，最终的决定包括直接接收、修改接收、修改并重新投稿以及直接拒绝。"直接接收"意味着评审人员认为该稿件仅需要做很小的修改即可发表；"修改接收"表明评审人员认为论文对研究领域很重要且符合规范和要求，但是需要进行一些修改来使论文内容更加清晰和精确;"修改并重新投稿"表明评审人员在研究的重要性、研究方法、数据分析以及解读方面有多种担忧和考虑。当做出这一建议的时候,多数评审人会明确说明其担忧之处,以及如何在修改稿中如何弥补这些缺陷。"拒绝"指评审人员认为研究存在较大的问题,并且认为作者不太可能在修改稿中完全解决这些问题。

拿到评审人员的评审结果和建议后,执行编辑将会做出最终的决定,书面通知作者并对结果进行解释。一般来讲,评审人员的评审结果都是保密的。重要的是,要知道评审人员的评审结果只是建议性的,大多数编辑均会认真考虑评审人员的意见,但最终的决定权在编辑手中。因此,编辑的决定与评审人员的评审结果可能会有所不同。

修改论文

几乎没有哪个论文稿件可以不需要进行任何修改就直接发表。大多数情况下,编辑会要求作者在论文发表之前对其某些部分进行修改或重新撰写。编辑的最后评审意见信里会详细说明修改意见,其中会经常引用评审人员的建议,要求作者必须对此着重修改。虽然有时候编辑的修改意见并不可行或者你并不赞同,但是明智的做法是按照其建议进行调整。当然如果你有足够充分的理由认为稿件的某一部分不需要修改,或者修改后会对整个文章产生消极作用,你也可以决定不做修改,但是要知道编辑有权对修改稿做抛弃处理,不给予二次审稿。二次审稿通常发生在稿件的最终决定是"修改并重新投稿"时,在"修改接收"时也有可能出现,尤其是需要修改的地方较多时。二次审稿的程序与前面描述的程序相同,并且有可能由相同的评审人员进行评审。

修改完论文以后,作者需要向编辑提交指定数量的稿件,并随之寄上附函。附函上要详细陈述你所做的每处修改及其页码,如果你决定拒绝编辑的某个或几个修改建议,你需要对其进行详细论证。

接收和正式发表

在稿件被接收后就进入了正式的发表程序。一般情况下,稿件会发给一个文字编辑。文字编辑将会审核论文的句法、语法和形式并修改,同时会征求作者同意。稿件除了有一些细微的文字错误之外,还可能有一些需要进一步询问作者的地方,例如不太清晰的表述、引文和参考文献的不符、文本和图表信息的不符等。一旦作者将最终的修订稿返回给文字编辑后,稿件就可以进行编印程序了。

出版商会先制作一个最终在刊物中呈现的论文样本，然后寄给作者让其进行审核并修改可能存在的微小错误。

在论文编印期间，会要求作者（或合作作者）签一个版权转让协议和著作权证书。在刊物出版之前，作者和合作作者必须将论文的版权交给出版该刊物的组织，意味着该组织在今后有权对其进行复制、传播和出售。著作权证书的签署说明作者和合作作者认可文章中的作者顺序并对文章内容负责。最后，如果作者在论文中使用了其他有版权的资料，必须提供能够证明其已经获取版权拥有者同意的证明。

建议和提示

发表论文通常是一件非常费时的工作，并且有时候会让人泄气和沮丧。尽管这些情况难以避免，但是下面这些建议可能有助于使这一工作变得顺利一些：

✓ 在投稿之前先向同行和同事征求文字表述等方面的修改意见。虽然文笔很好但研究本身较差的论文很有可能被拒绝，高质量的研究同样有可能由于论文写作问题遭到忽视。

✓ 在论文评审阶段尽量少与编辑联系。很多作者非常迫切地希望自己的论文能够尽快发表，但是要知道论文评审需要较长的时间，在评审阶段频繁与编辑联系并不会缩短论文的评审时间。编辑一般都会尽快完成评审，但有时候也会有意外发生。所以当你长时间没有收到编辑的收稿通知或者在刊物的一般审稿期过去后如果你仍没有收到任何回音，则可以与编辑取得联系。

✓ 如果你收到的结果是"修改并重新投稿"，那么你就需要权衡论文被最终接收的可能性和你为此要做出的努力。这时你需要详细阅读编辑的建议信，编辑一般会透露论文被最终接收可能性的信息。还有一些因素能够影响作者的最终决定，例如是否认可编辑的修改意见、修改的可能性以及修改所需要的时间，等等。在一些情况下，选择与自己对研究的看法更加契合的期刊也许是更明智的做法。

✓ 不要自己武断地认定编辑的决定而放弃自己的稿件。要知道每天都有大量的稿件被拒绝，作者经常需要向一个或两个刊物投稿，才能最终选定合适的那个。作者需要仔细阅读收到的审稿意见，然后实事求是地判断是继续修改还是将精力投入到下一个研究之中。如果决定向另外一个刊物投稿，作者需要仔细按照评审意见进行修改。

结束语

研究结果的发表是研究过程最后的重要步骤。研究者传播研究结果的途径有很多，但最常见的是在会议上做报告或发表期刊论文。大多数新手研究者需要同时利用这两种途径来传播自己的研究成果。通常先在专业会议上做报告，这有助于研究论文的撰写，因为在会议报告过程中参会人员的意见会对最终撰写论文十分有用。

在专业会议上做报告和撰写论文都需要一系列复杂技能，新手研究者必须明白学习这些技能需要花很长时间。多听取他人的反馈意见是重要的学习途径，即使有些反馈并不是正向的，也要认真倾听，真正的挑战是学习如何利用这些反馈意见来不断提高自己的专业发展水平。

图书在版编目（CIP）数据

教育和社区环境中的单一被试设计 /(美)罗伯特·奥尼尔 (Robert E. O'Neill) 等著；胡晓毅译.--北京：华夏出版社有限公司, 2023.7

书名原文：Single Case Research Designs in Educational and Community Settings

ISBN 978-7-5222-0490-1

Ⅰ.①教… Ⅱ.①罗…②胡… Ⅲ.①特殊教育－教育研究 Ⅳ.①G76

中国国家版本馆 CIP 数据核字(2023)第 078540 号

Authorized translation from the English language edition, entitled SINGLE CASE RESEARCH DESIGNS IN EDUCATIONAL AND COMMUNITY SETTINGS,1E, by O'Neill,Robert E.; McDonnell, John J.; Billingsley, Felix F.; Jenson, William, published by Pearson Education, Inc., Copyright©2011 Pearson Education, Inc.,

All rights reserved. No part of this book may be reproduced or transmitted in any form or by any means, electronic or mechanical, including photocopying, recording or by any information storage retrieval system, without permission from Pearson Education, Inc.

CHINESE SIMPLIFIED language adaptation edition published by PEARSON EDUCATION ASIA LTD., and HUAXIA PUBLISHING HOUSE co.,Ltd. Copyright©2015.

©华夏出版社有限公司　未经许可，不得以任何方式使用本书全部及任何部分内容，违者必究。

北京市版权局著作权合同登记号：图字 01-2013-5919 号

教育和社区环境中的单一被试设计

作　　者	［美］罗伯特·奥尼尔　等
译　　者	胡晓毅
责任编辑	许　婷　李傲男
出版发行	华夏出版社有限公司
经　　销	新华书店
印　　装	三河市少明印务有限公司
版　　次	2023 年 7 月北京第 1 版 2023 年 7 月北京第 1 次印刷
开　　本	710×1000　1/16 开
印　　张	11.5
字　　数	213 千字
定　　价	68.00 元

华夏出版社有限公司　地址：北京市东直门外香河园北里 4 号　邮编：100028
网址：www.hxph.com.cn　电话：(010) 64663331（转）

若发现本版图书有印装质量问题，请与我社营销中心联系调换。